U0922827

红糖美学 著
维也纳艺术史博物馆
世界博物馆全书
第一辑
華中科技大学出版社
http://press.hust.edu.cn
中国·武汉
有书至美
BOOK & BEAUTY

前言 Preface

世界博物馆全书系列，是我们对艺术与历史的深刻致敬。我们邀请您开启一段跨越时空的探索之旅，一起深入了解和欣赏世界级博物馆的珍藏。这一系列的创作源自我们对人类智慧和美学的敬畏：我们希望通过呈现各地博物馆中的文物精品，启发读者探索不同文明的交融与发展。博物馆，作为历史的见证者，不仅守护着人类过去的辉煌，更是启迪未来的灯塔。

每一座博物馆都是一个独立且丰富的“文化宇宙”。它们不止是静默的艺术品和历史进程的展示空间，更是人类在历史长河中不断探索、理解和创造文明的见证。这些知识的殿堂，作为文化传承与对话的桥梁，使我们得以与远古的智者沟通，感受历史的脉动。

维也纳艺术史博物馆，坐落于奥地利首都维也纳的心脏地带，自1891年对公众开放以来，便以其丰富的藏品和卓越的艺术价值在世界艺术史上占据了独特的地位。这座博物馆最初旨在展示哈布斯堡家族几个世纪以来积累的珍贵艺术收藏品，但博物馆建筑本身也是一座艺术杰作，体现了19世纪欧洲建筑的特色。

维也纳艺术史博物馆的藏品，风格多样，覆盖了广泛的时期，从古埃及、古希腊的文物到文艺复兴、巴洛克时期的画作，从欧洲各地的雕塑到东方艺术品，每一件藏品都是对人类创造力的赞颂。其中不乏提香、鲁本斯和伦勃朗等大师的作品，以及其他独一无二的艺术品，如切利尼的萨列拉。

阅读《维也纳艺术史博物馆》，读者将获得一个独特的机会，深入了解这座世界级博物馆的内涵和珍藏的艺术品。我们希望通过这本书，带领读者在维也纳艺术史博物馆中进行一次精神和视觉的旅行，通过文字触摸那些超越时空的艺术杰作，感受它们的魅力，领略艺术与历史碰撞、交融的精彩时刻。

目录 Contents

8 博物馆概况

10 位置与规模

11 发展历程

12 藏品概况

17 博物馆展览分布图

18 镇馆之宝

20 巴别塔

通向天国的巨塔

文物小知识

22 探寻根源：神话与现实中的巴别塔

24 萨列拉（金盐罐）

雕塑界的蒙娜丽莎

文物小知识

26 一盗成名：黄金盐罐成名之路

28 雪地里的猎人

冬日狩猎的视觉盛宴

文物小知识

30 田园牧歌：西方田园风景画的发展

32 馆藏珍品

34 绘画

36 身穿蓝色礼裙的玛格丽特·特蕾莎公主

公主的时尚衣橱

38 夏天

大自然的果实盛宴

40 农民的婚礼

乡村生活的生动记录

42 绘画艺术

以静谧之笔探索艺术的想象力

44 豆王盛宴

节日里的狂欢，视觉的宴席

46 草地上的圣母

温柔笔触与和谐之美

文物小知识

48 西方绘画中探索：圣母形象变化

50 朱庇特和伊奥

光影缠绵的神界之恋

52 工艺品

54 塞舌尔椰子水壶
海岛之美的独特诠释

56 奥古斯都宝石
石头上的赞歌，伟大的奥古斯都

文物小知识
58 博物馆里的浮雕：刻在宝石上的历史

60 玛丽亚·特蕾莎军事大十字钻石星芒勋章
勇气与荣誉的象征

62 菲利普二世的骑士甲胄
威武精致的铠甲，刀枪不入的父爱

64 皇室用具

66 加冕斗篷
王者的披风

文物小知识
68 盛大隆重：古代欧洲最重要的加冕礼

70 布拉蒂纳（友谊杯）
友谊的甘露之杯

72 神圣罗马皇冠
欧洲历史上的璀璨明珠

74 皇帝弗朗茨一世的盥洗用品
皇帝的自我管理与形象设计

文物小知识
76 繁复的盥洗套装：欧洲贵族的精致生活

78 罗马王的摇篮
罗马王的宝座与婴儿般的睡眠

80 杂器

82 击弦琴
穿梭百年的美妙音乐

文物小知识
84 历史的声音：维也纳艺术史博物馆里珍藏的乐器

86 拿破仑一世的“米兰加冕马车”
皇家的豪华马车

94 奥地利其他博物馆名录（节选）

MUSEUM OVERVIEW

博物馆概况

维也纳艺术史博物馆是世界四大艺术博物馆之一，也是奥地利规模最大的博物馆。它不仅展示了奥匈帝国的珍藏，还能让参观者领略到帝国盛期的余晖。此外，它还收藏了古埃及至18世纪末的艺术珍品，为全球艺术爱好者提供了丰富的文化体验。

位置与规模

位于维也纳环城大街的维也纳艺术史博物馆，建于19世纪末，与历史悠久的霍夫堡皇宫相望，是由哈布斯堡家族资助建立的。这座博物馆不仅是奥地利文化的传承者，也是哈布斯堡家族辉煌历史的见证，如今位列全球顶级艺术博物馆之列。

维也纳艺术史博物馆的建筑本身就是一件艺术品，其文艺复兴风格的外观与采用各色大理石装饰的庄严内部形成鲜明对比。特别是博物馆内的埃及珍品厅和古典珍品大厅，采用古埃及石柱和罗马帝国时期的建筑装饰，展现出设计的庄重和精美。此外，博物馆更以丰富的藏品吸引着世界各地的访客。

20世纪80年代，维也纳艺术史博物馆的藏品数量已超过70万件，涵盖了古埃及、古希腊时代至18世纪末的文物，包括绘画、雕塑、装饰艺术品、硬币、奖章、乐器和兵器等，特别是其收藏的拉斐尔、提香、伦勃朗、丢勒等大师的作品，更彰显了博物馆在全球艺术舞台上的重要地位。

发展历程

维也纳艺术史博物馆的演变历程，展示了其从神圣罗马帝国时期的布拉格宫廷收藏存储地到闻名世界的艺术史博物馆的发展。这段历史不仅见证了皇室收藏的积累过程，还反映了维也纳艺术史博物馆对艺术与文化遗产的珍视。

早期历史

维也纳艺术史博物馆的历史可追溯到神圣罗马帝国皇帝鲁道夫二世时期。那时的布拉格宫廷就已收藏了包括丢勒、科勒乔等人创作的一批杰作，还有一些古董和自然界的标本。维也纳宫廷收藏的真正创始人是斐迪南三世的弟弟雷欧波特·威廉大公。他是当时最佳的收藏家之一。他在1656年回到维也纳时，把收藏陈列在宫城中的许塔堡内。50年后，约瑟夫二世将许塔堡的藏品搬到了更大的望楼宫，称其为“皇室美术馆”。

国王的决定

1857年，奥地利皇帝弗朗茨·约瑟夫一世下令拆除维也纳的部分旧城墙，并在内城区建造一条环城大道，同时要求新建一座博物馆来展示帝国的收藏。1862年，该项目由维也纳建筑师卡尔·哈森瑙尔和德国著名建筑师戈特弗里德·森佩尔设计。博物馆的外观在1880年大致完成，内部装饰由哈森瑙尔负责。

艺术博物馆的诞生

1891年，博物馆竣工。在望楼宫待了100多年的皇室收藏被迁入新馆，维也纳艺术史博物馆就此诞生。这座辉煌豪华的建筑毗邻皇宫，收藏了大量的皇室艺术珍品。博物馆的建立，一方面是为了将所有的艺术品和收藏集合到一起，另一方面也承担了弗朗茨·约瑟夫一世将维也纳改造成一座美丽的城市的愿景。

藏品概况

维也纳艺术史博物馆珍藏着丰富多样的艺术品，这些藏品不仅见证了欧洲艺术史的辉煌，也展示了不同时代文化艺术的交流。从古代文物到文艺复兴和巴洛克时期的杰作，每一件展品都讲述着独特的历史故事，体现了艺术家的创造力和时代的精神。

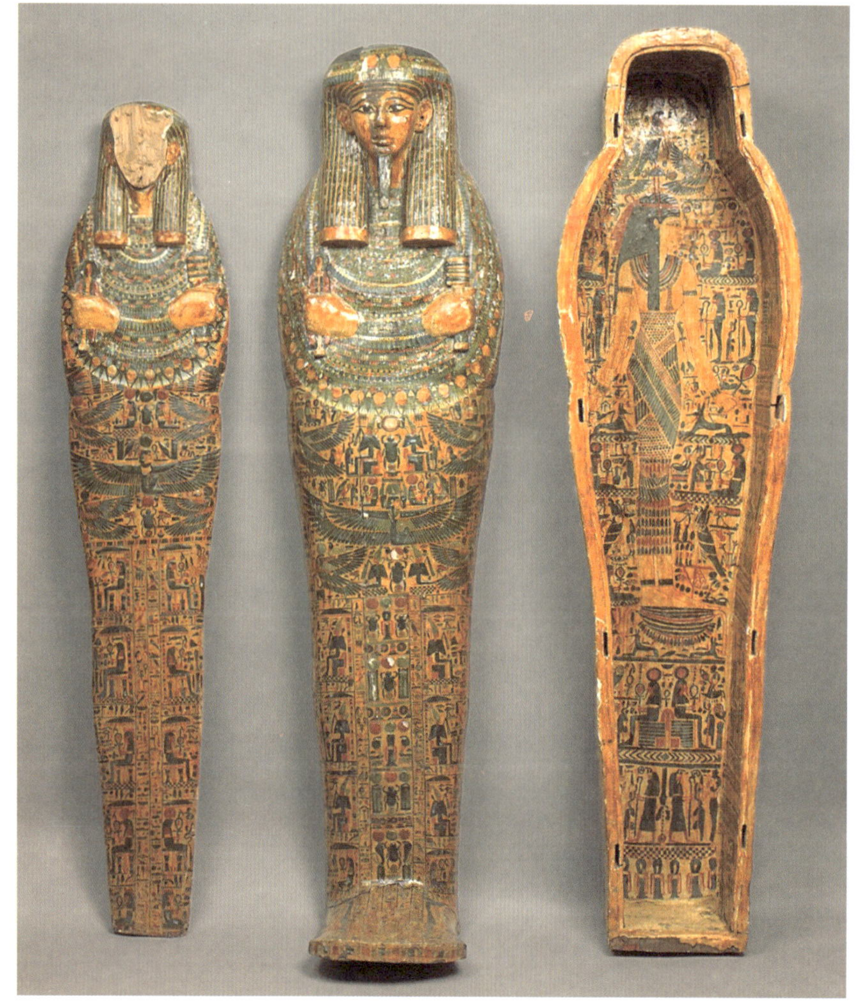

埃及和东方收藏

维也纳艺术史博物馆的埃及和东方藏品部分是世界上最重要的文物藏品的一部分。其中的1.7万余件文物覆盖4000年的历史跨度。

希腊和罗马的古典艺术

希腊和罗马文物收藏品跨越了3000多年的历史，大约2500件藏品被永久展出。

艺术画廊

艺术画廊的绘画作品主要有哈布斯堡家族的艺术藏品组成。它是世界上最大、最重要的绘画艺术收藏地之一。

纪念章和货币

这里的硬币收藏是世界上最重要的五大硬币收藏地之一，大约有60万件藏品，不仅有硬币，还有纸币、奖章等。

维也纳皇家珍宝馆

这里有制作于公元1000年的珍贵皇家艺术品，包括鲁道夫二世的皇冠等珍品。

历史乐器收藏

这里收藏了世界上最重要的文艺复兴时期和巴洛克时期的乐器。此外，保存和展示了许多著名音乐家和作曲家演奏用的乐器。

帝国军械展

这里收藏有西方最完整的宫廷武器和盔甲，这些器物通常在军事战役、帝国庆典、致敬仪式、加冕典礼、订婚和洗礼等场合中使用。

维也纳皇家马车博物馆

这里的藏品包括维也纳帝国宫廷使用的前马车车队。1918年维也纳废除君主制后，100辆左右的马车，连同挽具、马鞍和帽子，得以保存在博物馆内。从那时起，马车收藏品规模逐渐扩大，目前共有170辆左右。

数字博物馆

维也纳艺术史博物馆的数字博物馆，不仅为访客提供了全新的艺术欣赏方式，还通过数字媒体技术，为艺术体验注入了新的活力。数字博物馆不仅复制了实体博物馆的丰富藏品，还通过创新的技术手段，让艺术作品以更加生动、交互的方式呈现在观众面前。

为了让更多的人能够便捷地了解艺术，博物馆还推出了艺术教育手机应用程序KHM Stories。这款应用程序可以让人随时随地在手机上浏览博物馆的丰富内容，深入了解各种艺术风格的作品及作品背后的故事。

此外，通过“发现文化”数字平台，访客可以体验提香画廊的虚拟3D之旅，感受提香的杰作带来的视觉震撼和美感。在老勃鲁盖尔虚拟展厅，访客可以近距离欣赏老勃鲁盖尔的画作。这些高质量的照片展示了他12件杰作的所有细节。

维也纳艺术史博物馆还积极举办线上公共活动，如讲座、学术研讨会和播客等。这些活动旨在提升公众的文化素养，促进博物馆与世界各国的文化交流，彰显其作为世界级博物馆的文化价值，进一步扩大其国际影响力。

博物馆展览分布图

本馆 2 层

1 身穿蓝色礼裙的玛格丽塔·特蕾莎公主

2 夏天

3 农民的婚礼

4 绘画艺术

5 奥古斯都宝石

6 加冕斗篷

7 草地上的圣母

8 拿破仑一世的“米兰加冕马车”

本馆 1 层

9 朱庇特和伊奥

10 巴别塔

11 雪地里的猎人

12 萨列拉

13 塞舌尔椰子水壶

14 豆王盛宴

15 皇帝弗朗茨一世的盥洗用品

16 布拉蒂纳（友谊杯）

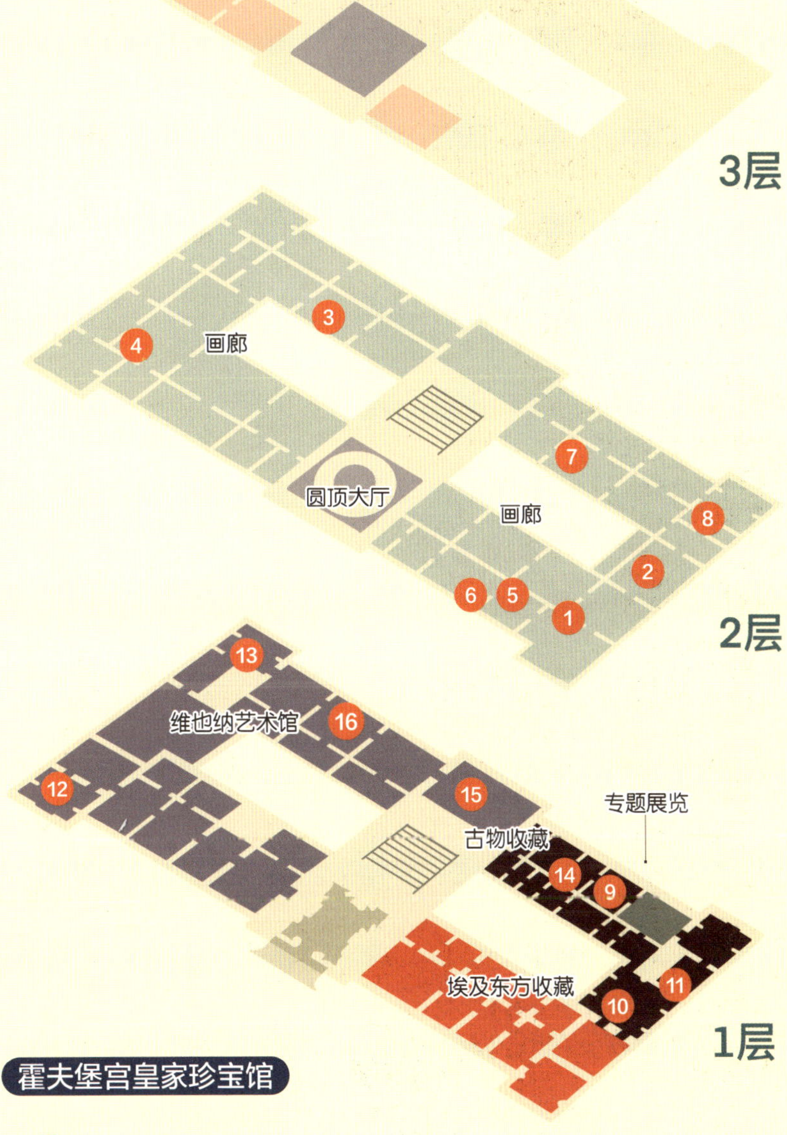

霍夫堡宫
皇家珍宝馆
维也纳艺术史博物馆（本馆）

霍夫堡宫皇家珍宝馆

17 神圣罗马皇冠馆

18 玛丽亚·特蕾莎军事大十字钻石星芒勋章

19 罗马王的摇篮

霍夫堡宫帝国军械库

20 菲利普二世的骑士甲胄

霍夫堡宫历史乐器收藏

21 击弦琴

MUSEUM'S
TREASURE
镇馆之宝

巴别塔

通向天国的巨塔

创作者：

老彼得·勃鲁盖尔

创作年代：1563 年

类型：木板油画

尺寸：高 114.4 厘米；宽 155.5 厘米

来源地：佛兰德斯（今比利时地区）

老勃鲁盖尔在画中精心描绘了众多人物，他们形态各异，表情生动，充满了生活的真实感。通过对这些人物的描绘，老勃鲁盖尔成功地表现了人类在面对巨大工程时的复杂情感：既有对成功的渴望，也有对失败的恐惧；既有对未知的探索，也有对已知的满足。

在构图上，老勃鲁盖尔采用了将宏大的场面和精细的描绘相结合的手法。他通过对比塔身的巨大和人物的渺小，突出了工程的艰巨和人力的薄弱。他运用丰富的色彩和细腻的笔触，生动地描绘了人物、建筑和自然环境的细节，使得整个画面充满生活气息和动态感。

《巴别塔》是老彼得·勃鲁盖尔于1563年创作的一幅油画。画家以宏大的构图来描绘巴别塔（又名“通天塔”），以云雾拦断显示巴别塔之高，以风俗画手法描绘人与物、人与环境的关系。画家以细密画的技巧与功力，描绘了众多富有情节性的人物活动，借以揭示人具有战胜大自然的力量。

整幅画采用柔和且富有层次感的暖褐色调，以大地色系为主，包含黄褐色、深褐色、橄榄绿及一些蓝色和灰色。这些色彩相互融合，和谐统一，构建出一种宁静而沉稳的氛围。多层次色彩的渐变和叠加，使画面暗部既有深度又有细节表现力，避免了单一色彩带来的死板感觉，增加了生动性和神秘感。背景中河流、山峦等采用冷色调，与前景人物的暖色调形成反差，进一步凸显人物形象，营造出深远的空间感。

“巴别塔”的故事，描述了人类试图建造一座通天之塔，以达到与神同等的高度，但最终因为语言的混乱而失败。老勃鲁盖尔通过这幅画描绘这个故事，寓言性地揭示了人类的傲慢、野心所导致的挫败。同时，巴别塔也象征着人类对于超越的渴望，以及这种渴望所带来的后果。

老勃鲁盖尔是尼德兰画派的杰出代表，他的创作生涯专注于描绘乡村生活，因而被尊称为“农民的勃鲁盖尔”。他以敏锐的思考能力和幽默感著称，喜欢运用夸张的艺术表现手法，这使得他获得了“滑稽的勃鲁盖尔”这一昵称。

小提示

尼德兰画派是15世纪初到16世纪60年代尼德兰地区（相当于现在的荷兰、比利时、卢森堡和法国东北部的一些地区）形成的一个重要的绘画流派。这个画派受到中世纪的细密画和色彩丰富的祭坛画的影响，画风写实、精细，色彩丰富并具有装饰性。尼德兰画派的艺术家们创作了大量祭坛画与独幅木版画，尽管这些作品大多表现的是宗教题材，但由于画家对描写世俗生活和周围环境的兴趣大大增长，作品中便不时体现出现实主义倾向。

尼德兰画派代表作《根特祭坛画》

老勃鲁盖尔的另一幅同名作品《巴别塔》 荷兰博伊曼斯·范伯宁恩美术馆藏

探寻根源：
神话与现实中的巴别塔

巴别塔有两层含义，一是人类不要狂妄自大，妄图破坏大自然的规律，否则只会前功尽弃；第二层的意思是当理解不存在时，这种关系便成了“巴别塔”。它表示人与人之间有着巨大的隔阂，即使说着同一种语言，双方也不能互相理解。

关于巴别塔是否真实存在过，历史上一直存在争议。有学者称巴别塔的现实遗存在伊拉克境内，具体位置在古代美索不达米亚平原地区，也就是现在的伊拉克首都巴格达附近。尽管考古学界对于该地区进行过很多次的发掘，但是至今仍然没有找到巴别塔的实际遗址或者存在的证据。也有学者说巴别塔是神庙，经过多次重修最终形成了古巴比伦的空中花园和宏伟的伊什塔尔门。无论如何，巴别塔的故事已经成为人类文化中的重要组成部分，并且在文学、艺术等领域产生了深远的影响。

疑似巴别塔遗址 巴比伦古城遗址

农民的勃鲁盖尔

老勃鲁盖尔平素性格怪僻，画题有时也令人百思难解，他古怪的画意却表明了他鲜明的阶级立场。他对农民的生活怀有深切的同情，在欧洲画史上，他是最早的一位自觉的农民画家，人称“农民的勃鲁盖尔”。他的作品充满了丰富的想象力、深刻的思想性和细致入微的细节，展现了他对农民生活的深刻理解和热爱。他的绘画作品大多以农民生活和革命斗争为题材，采用民间故事里所描写的人与恶魔战斗的情节，来隐喻他所生活的时代政治。

老勃鲁盖尔画像

老彼得·勃鲁盖尔（约1525年—1569年）是16世纪尼德兰地区最伟大的画家，他一生以农村生活作为艺术创作题材。他善于思考，天生幽默，喜爱夸张的艺术造型，因此，人们又赠给他一个外号“滑稽的勃鲁盖尔”。他继承了博斯的艺术风格，又被誉为“新博斯”。他是欧洲美术史上第一位“农民画家”。老勃鲁盖尔是自扬·凡·艾克开始的尼德兰画派的最后一位巨匠。他的两个儿子也是画家，分别是小彼得·勃鲁盖尔和老扬·勃鲁盖尔。

他创作的《洗礼者约翰布道》《农民的婚礼》《农民的舞蹈》《雪中猎人》《盲人引路》《牧归》《绞刑架下的舞蹈》等一系列描绘农民生活的作品，生动地展现了农民们的日常生活和劳动场景，充满了生活气息和情感共鸣。老勃鲁盖尔善于运用宏阔的视角描绘风景，作品中常常出现神话元素，使得画面既天马行空又不失真实感。

《农民的婚礼》

《绞刑架下的舞蹈》

《农民的舞蹈》

萨列拉（金盐罐）

雕塑界的蒙娜丽莎

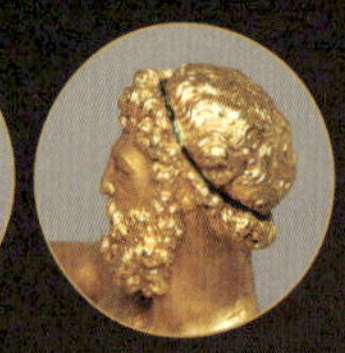

萨列拉是一件金制盐罐，整体由黄金打造。在椭圆形的台座上，雕刻着两尊相对而坐的神像，分别是大地之神和海神。此外，周围还装饰有象征着四季的浮雕。整个作品辉煌而精致，展现了与中世纪贵金属工艺风格迥异的装饰特征。

切利尼在制作这件作品时，运用了多种技术，如乌银镶嵌、金银丝细工、珐琅上色、石头镶嵌、钻石切割、铸造和镀金等。这些技艺的精湛运用，使得“萨列拉”在细节处理、材料搭配和制作工艺上都达到了极高的水平。

创作者：本韦努托·切利尼

创作年代：1540 年—1543 年

类型：金银器

尺寸：长 28.5 厘米；宽 21.5 厘米；高 26.3 厘米

来源地：意大利

雕塑界的“蒙娜丽莎”萨列拉是应法国国王弗朗西斯一世的请求，由意大利雕塑家本韦努托·切利尼创作的顶级作品。它是切利尼唯一存世的黄金作品，也是一件充满艺术价值和历史意义的杰作。萨列拉的制作工艺十分复杂，它由黄金、象牙、珐琅和乌木等多种珍贵材料制成。同时，罐上的珠宝和镶嵌工艺也十分精湛，使得整件作品熠熠生辉。

这件作品不仅是一件实用的盐罐，更蕴含着丰富的象征意义。大地之神和海神的形象，代表着大自然的力量和生命的源泉。而四季浮雕则象征着时间的流转和生命的循环。这些元素共同构成了作品的深刻内涵，使其不仅具有艺术价值，更具有文化和历史意义。

小提示

欧洲艺术作品以希腊神话为主题，主要是因为希腊神话为艺术家提供了丰富的创作灵感，其深入人心的故事和人物形象是艺术创作的灵感来源。希腊神话对于人性和神性的探讨，为艺术家提供了深入思考的机会。此外，希腊神话反映了古希腊的价值观和文化特点，通过创作此类主题的艺术作品，艺术家可以传达自身对人性、道德等方面的思考和看法。在欧洲文艺复兴时期，希腊神话也推动了艺术的创新和发展。这些因素共同促进了欧洲艺术的发展和繁荣。

《雅典娜与波塞冬的争端》

在构图设计上，切利尼巧妙地运用了对称和平衡的原则。大地之神和海神相对而坐，形成了稳定的对称构图。而周围的浮雕则通过不同的姿态和位置，使得整个画面既和谐又富有动感。这种精巧的构图设计，不仅增强了作品的美感，也使得其更加引人注目。

文物小知识

一盗成名：黄金盐罐的成名之路

作为意大利雕塑家本韦努托·切利尼的顶级作品，萨列拉具有极高的艺术价值和历史意义。不幸的是，它在2003年遭遇了一次盗窃。

在此之前，很少有人真正关注到这件小小的盐罐。这次盗窃让萨列拉名声大噪，成为艺术史上的一个传奇。

在盗窃发生后的几年里，警方和艺术机构展开了大规模的搜寻和调查工作。最终，在2006年，这件被盗的金盐罐被成功找回。

这次完璧归赵的经历，虽然给萨列拉带来了一定的损害，但也让更多的人开始关注和了解这件杰出的艺术品。如今，它已经成为艺术史上的一部经典之作，吸引着无数艺术爱好者和历史学家前来欣赏和研究。

本韦努托·切利尼（1500年—1571年）是一位意大利文艺复兴时期的金匠、画家、雕塑家、战士和音乐家，世界矫饰主义最重要的艺术家之一。他出生于佛罗伦萨，自幼便开始跟随父亲学习金匠技艺，后来又跟随多位雕塑家学习。他的早期作品受到米开朗琪罗等人的影响，但后来形成了自己独特的风格。他的作品以精湛的技艺和细腻的表现力著称，主题多涉及古希腊罗马神话和历史故事。

餐具也可以成为时尚单品

盐在古代非常珍贵，盐罐也总是由珍贵的材料制成。中世纪和文艺复兴时期，在君王的餐桌上，盐罐、酒杯、茶杯等餐具都变成了一种纪念性的物品。

欧洲君王餐桌上的餐具非常精美和昂贵，通常由银、金、象牙、陶瓷等材料制成，有些餐具上还镶嵌着宝石和珍珠。这些餐具通常是历代君王和贵族的传家之宝，是权力和地位的象征。

餐具的种类非常多，包括刀、叉、匙、碗、盘、酒杯等。其中，刀和叉是餐桌上最重要的餐具，用于切割肉类和鱼类等食物。匙则用于舀汤和搅拌咖啡等。

玻璃珐琅烛台　波西米亚　1597年

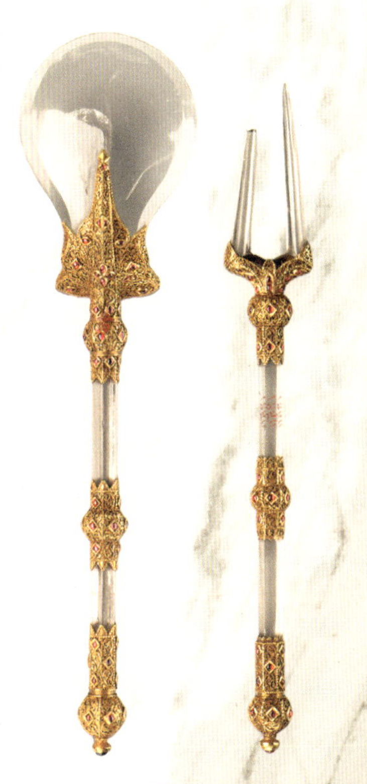

水晶餐具　斯里兰卡　16世纪下半叶

玛丽亚特蕾莎皇后早餐使用的茶盒
维也纳　1750年

在欧洲君王的餐桌文化中，餐具的使用非常讲究，不同身份的人使用的餐具也不同。比如，皇室成员使用的餐具通常是金质的，而贵族则使用银质或瓷餐具。餐具的摆放位置也通常有严格的规则，以示尊卑有序。

此外，欧洲君王餐桌上的餐具还反映了当时的社会风俗和艺术风格。不同时期的餐具风格各异，反映了当时的社会审美观念和文化氛围。同时，餐具的设计也反映出当时工艺技术的水平，如金银加工、瓷器制造等。

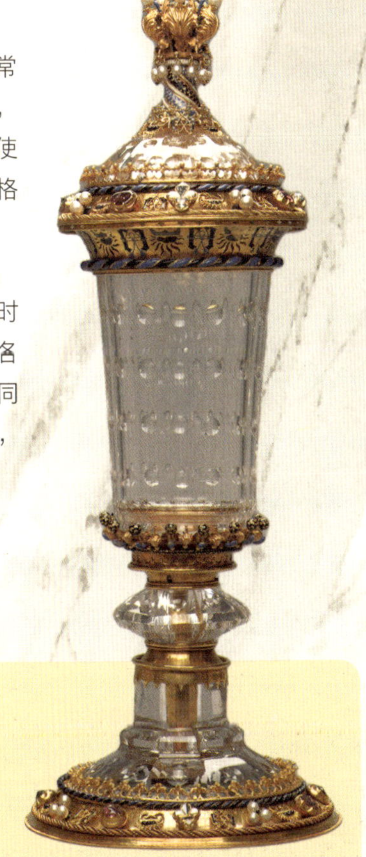

勃艮第宫廷酒杯

这只华丽的酒杯，无论是杯身、盖、旋钮、轴还是底座，都由晶莹剔透的水晶精心打造而成，展现了中世纪硬石切割工艺的巅峰水准。杯和盖的外侧各有16个精心刻画的刻面，而旋钮、轴和底座则各自拥有10个刻面。表面布满了排列均匀的圆形凹痕，增添了独特的质感。各部件巧妙地镶嵌在一起，与金色环绕的装饰，形成了一个和谐的整体。

雪地里的猎人

冬日狩猎的视觉盛宴

创作者： 老彼得 · 勃鲁盖尔
创作年代： 1565 年
类型： 木板油画
尺寸： 长 117 厘米；宽 162 厘米
来源地： 佛兰德斯（今比利时地区）

《雪地里的猎人》呈现了一个深冬时节的乡村景致，画面的前景是几名猎人和跟随他们的猎犬从山岗上下来，猎人手上提着不多的猎物。

《雪地里的猎人》这幅画以农村生活为背景，具体地描绘了十二月或一月深冬时节猎人狩猎归来的场景。老勃鲁盖尔以其精湛的技艺和对自然的深刻观察，捕捉到了冬日的独特氛围。这幅画不仅是老勃鲁盖尔一系列描绘月份场景的作品之一，更是他作为尼德兰民族现实主义风景画创始人的代表作。通过这幅画，老勃鲁盖尔表达了他对大自然以及农村生活的热爱。

在《雪地里的猎人》中，老勃鲁盖尔巧妙地运用了透视画法，使得画面具有了强烈的空间感。他将近景的树木和雪地描绘得较为清晰，而将远景的山峦和村落处理得较为模糊，从而营造出了一种深远的视觉效果。此外，他还通过对地平线和山坡交叉组合的描绘，使得画面构图更加稳定而富于变化。

老勃鲁盖尔在《雪地里的猎人》中的光影处理也堪称一绝。他巧妙地利用了自然光的变化，使得画面呈现出一种寒冷而透明的感觉。在雪地的描绘上，他通过运用不同的色调和笔触，表现出了雪地的反光和质感。而在人物的描绘上，他则通过捕捉光影的变化，使猎人和猎狗的形象更加立体而生动。

中景是一片结冰的池塘，有人在滑冰，有人在捕鱼，展现了农村生活的宁静与和谐。远处的雪山和房屋在布满灰绿色乌云的天空映衬下，显得既朴实又充满暖意。

文物小知识

田园牧歌：西方田园风景画的发展

西方田园风景画是一种以自然风景和农村生活为题材的绘画形式，其发展可以追溯到文艺复兴时期。在文艺复兴早期，风景画通常仅作为人物画的背景出现，但随着时间的推移，风景画逐渐脱离人物画而独立发展。17世纪的荷兰画家们如霍贝玛等，开始以精确的笔法描绘自然景色，将风景画推向了一个新的高度。

到了18世纪，英国画家康斯太勃尔和透纳等人对田园风景画的发展作出了重要贡献。他们通过对光线和色彩的细致观察，以更加自然的手法表现田园风光，使得画面愈发生动逼真。

19世纪，法国“巴比松画派”的画家们则进一步将田园风景画推向了高峰。他们以写实的手法描绘自然景色，强调对自然的直接感受和表现，使得画面更具有诗意和抒情性。

《播种者》 让·弗朗索瓦·米勒 波士顿美术馆藏

《干草车》 约翰·康斯太勃尔 英国国家美术馆藏

20世纪以来，随着摄影技术的发展和普及，田园风景画在一定程度上受到了挑战。然而，许多画家仍然坚持通过绘画来表现自然之美和农村生活的魅力。他们不断探索新的表现手法和材料，使得田园风景画在现代艺术中仍然占据着重要的地位。

在西方田园风景画的发展过程中，老勃鲁盖尔的作品具有重要地位。他的作品以描绘农民生活和自然景色为主，画面充满了生活气息和情感共鸣。他的《收割》等作品都是西方田园风景画的代表作，对后世产生了深远的影响。

老彼得·勃鲁盖尔的庄园风景画

老勃鲁盖尔按季节顺序画的6幅庄园式风景画是他创作生涯中的重要作品，其中一幅已经遗失，这些画作展现了一年四季自然风光的变化和农村生活的场景。

其中5幅分别为《暗日》《收割》《收干草》《牧归》与《雪地里的猎人》。每幅画都代表了不同的月份和季节，通过细腻的笔触和生动的色彩，老勃鲁盖尔描绘了美丽的大自然景色和农民们的辛勤劳动。

其中，《暗日》代表了二月，画面中阴暗的天空和裸露的树木营造出一种寒冷而沉寂的氛围；《收割》则代表了七月，画面中金黄的麦田和忙碌的农民展现出夏季的丰收景象。而《收干草》和《牧归》则分别描绘了秋季农民的劳动和生活场景，充满了生活气息和情感共鸣。

最后一幅《雪地里的猎人》则是这6幅画中最为著名的一幅，描绘了冬季的景色。

《收割》（夏季） 大都会艺术博物馆藏

《收干草》 私人收藏

《牧归》（秋季） 维也纳艺术史博物馆藏

《暗日》（早春） 维也纳艺术史博物馆藏

这6幅庄园式风景画不仅展现了老勃鲁盖尔高超的绘画技艺和对自然的深刻观察，也表达了他对农民生活和自然之美的热爱和赞美。这些画作成为西方田园风景画发展史上的重要里程碑，对后世的画家产生了深远的影响。

MUSEUM COLLECTION TREASURES

馆藏珍品

身穿蓝色礼裙的玛格丽特·特蕾莎公主

公主的时尚衣橱

创作者：
迭戈·委拉斯开兹
创作年代：1659 年
类型：布面油画
尺寸：高 125.5 厘米；宽 106 厘米
来源地：西班牙

《身穿蓝色礼裙的玛格丽特·特蕾莎公主》是西班牙画家迭戈·委拉斯开兹创作的巴洛克风格画作。画中描绘的是腓力四世的女儿，后来的神圣罗马帝国王后玛格丽特·特蕾莎。这幅画集中体现了委拉斯开兹晚年深厚的绘画功底，是他的杰作之一。

委拉斯开兹描绘的年轻的玛格丽特·特蕾莎公主，身穿一件华丽的蓝色礼裙，搭配银色花边装饰，显示出公主的高贵与优雅。公主的表情肃穆，目光深邃，仿佛沉浸在思考之中，给人留下深刻的印象。

画家采用了传统的三角形构图，将公主置于画面的中心位置，通过裙摆和背景的布局来平衡画面。这种构图方式既稳定又富有动感，使得观众的目光自然地被吸引到公主身上。

画中的公主穿着当时西班牙最流行的蓝色丝质裙子，裙子上部装饰着许多蕾丝，还有一条金绶带，下部因为公主施提裙礼而显得宽大蓬松。在背景的映衬下，公主苍白而带有红晕的脸庞显得娇弱而迷人。委拉斯开兹以蓝色为主色调，通过不同深浅的蓝色营造出层次感和立体感。同时，他巧妙地运用白色和银色的装饰来提亮画面，使得公主的形象更加鲜明。

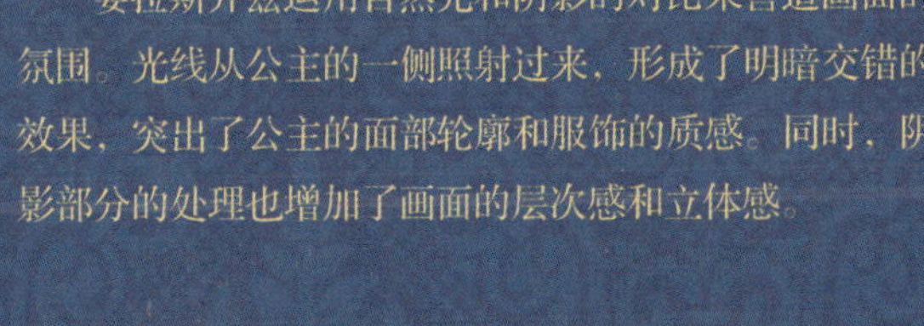

委拉斯开兹运用自然光和阴影的对比来营造画面的氛围。光线从公主的一侧照射过来，形成了明暗交错的效果，突出了公主的面部轮廓和服饰的质感。同时，阴影部分的处理也增加了画面的层次感和立体感。

小提示

在1653年至1659年的6年时间里，委拉斯开兹倾注心血，为玛格丽特·特蕾莎绘制了一系列精美的肖像画。这些画作不仅展现了特蕾莎公主的优雅与美丽，更是艺术家卓越技艺的展现。其中，尤为引人注目的是3幅作品：《身穿粉色礼裙的玛格丽特·特蕾莎公主》《身穿银色礼裙的玛格丽特·特蕾莎公主》以及《身穿蓝色礼裙的玛格丽特·特蕾莎公主》。这3件杰作被赠予维也纳宫廷，如今已成为维也纳艺术史博物馆的镇馆之宝。每一幅画作都以独特的色彩和细腻的笔触，展现了特蕾莎公主的独特魅力，成为艺术史上的不朽经典。

《身穿粉色礼裙的玛格丽特公主》

夏天

大自然的果实盛宴

创作者：朱塞佩·阿钦博尔多
创作年代：1563 年
类型：布面油画
尺寸：高 67 厘米；宽 50.8 厘米
来源地：意大利

画中人物的形象由各种农作物、花卉和水果组成，展现出阿钦博尔多独特的创作风格。整幅画色彩鲜艳，给人以强烈的视觉冲击力。通过这幅画，阿钦博尔多展示了他对自然界季节的敏锐观察，以及对形状、颜色和纹理的运用。这幅画是超现实主义绘画的杰出代表。

阿钦博尔多的《夏天》展现了其独特的超现实主义风格。这种风格突破了传统的肖像画界定，将真实的自然元素如水果、蔬菜等，通过巧妙的组合和排列，形成了一个生动的人物形象。这种对现实的抽象化和对自然元素的重新组合，展现了阿钦博尔多对艺术的深刻理解和创新。

各种水果，如红色的草莓、橙色的橙子、黄色的柠檬等，与绿色的叶片相互映衬，形成一幅色彩斑斓的画面。这些色彩的运用不仅增加了画面的视觉冲击力，也象征了热情和活力。同时，阿钦博尔多还巧妙地运用色彩的明暗和冷暖对比，使画面更加立体和生动。

小提示

超现实主义：20世纪的一个重要艺术流派，最初起源于文学和诗歌，后来逐渐扩展到绘画、摄影、电影等多个领域。超现实主义深受弗洛伊德“潜意识”理论的影响，致力于探讨人类经验的先验局面，试图突破符合逻辑与实际的现实观念。这种艺术流派强调将现实观念与本能、潜意识和梦的经验相糅合，以达到绝对的和超现实的情境。

《记忆的持久性》 萨尔瓦多·达利

《夏天》这幅画不仅仅是对夏季自然景观的简单描绘，更蕴含了深刻的象征意义。首先，画面中的各种水果和蔬菜代表了夏天的丰收和自然的馈赠。其次，这些元素组合成的人物形象，可能象征着自然的力量和生命的活力。此外，阿钦博尔多通过这种独特的艺术手法，也可能在表达对人与自然和谐共生的向往与追求。

农民的婚礼

乡村生活的生动记录

创作者： 老彼得·勃鲁盖尔

创作年代： 1568 年

类型： 木板油画

尺寸： 高 114 厘米；宽 164 厘米

来源地： 荷兰

小提示

《农民的舞蹈》是《农民的婚礼》的姐妹篇，它描绘了乡村集市的开幕舞，这是一种传统的跳跃舞。画面中前景的两人冲上去跳舞，但被最左边的场景分散了注意力：一个乞丐正走近一张桌子乞讨。老勃鲁盖尔对农民的看法既不居高临下，也不幽默，而是近乎理想主义的现实主义。人物形象天真、纯朴、憨厚，性格豪迈、乐观，是饱经风霜、受尽压迫的农民群像的真实再现。

《农民的婚礼》是老彼得·勃鲁盖尔的代表作之一，也是对佛兰德斯农民婚礼的真实记录。这幅画中有许多人物，但是没有新郎，因为按照佛兰德斯人的习俗，新郎不能出席婚礼。

在《农民的婚礼》中，老勃鲁盖尔运用了丰富而饱满的色彩。整幅画面以暖色调为主，黄色和红色的运用尤为突出，为婚礼场景营造了喜庆和热烈的氛围。同时，深色背景和部分人物的服饰则采用了冷色调，形成了鲜明的对比，增强了画面的层次感。这种巧妙的色彩运用不仅展现了老勃鲁盖尔对色彩的敏锐把握，也使得画面更加生动。

《农民的婚礼》中从人物的服饰、动作到宴会的餐具、食物，每一处都展现了作者精湛的绘画技艺和对生活的细致观察。比如人们的表情大都很平静，餐宴虽然看似丰盛，但盘子里的食物只有薄薄一层，反映了当时的物资比较贫乏。

老勃鲁盖尔采用了写实的绘画风格，注重光影的处理和立体感的表现，将人物和景物的质感表现得淋漓尽致。同时，他还巧妙地运用了透视画法，使得画面具有了强烈的空间感和立体感。远处的景物被描绘得相对模糊，而近处的景物则清晰可见，这种处理方式不仅增强了画面的纵深感，也使得观众仿佛置身于婚礼现场。

绘画艺术

以静谧之笔探索艺术的想象力

创作者：

约翰内斯·维米尔

创作年代：

1666 年 — 1667 年

类型： 布面油画

尺寸： 高 120 厘米；

宽 100 厘米

来源地： 荷兰

这幅画描绘的是在一间有黑白格子地板的房间里，一位画家坐在画架前对着模特写生的情景，模特身后的墙上是一幅巨大的荷兰地图 。这幅画是维米尔向历史致敬的作品，体现出他丰富的历史知识和深厚的人文素养，也使得他有别于同时期那些致力于忠实描绘自然和提高社会地位的画家，体现了维米尔对画家身份自我认知的独特之处。

维米尔运用垂直线与水平线（地图的边缘、天花板以及布幕的褶皱），让室内的画面有明显的框架结构，还利用地面瓷砖的格子透视，让画面有很强的纵深感。

维米尔在这幅作品中运用了温暖而柔和的色调，营造出一种宁静、和谐的氛围。室外的光线透过窗户洒在画家身上和家具上，形成明暗对比，增强了画面的立体感。同时，画家服饰的蓝色与室内白色的墙壁、黄色的家具形成了鲜明的对比，使得画面更加生动。

画面中的模特身着华服、头戴桂冠、手持书本和长号的形象，来源于凯撒·里帕创作的《圣像》一书，该书出版于16世纪，于1644年被翻译成荷兰文，并成为当时画家参考的象征符号辞典，它主要用于指导画家绘制历史人物。其中有一段描述历史女神的文字：她头戴桂冠，拿着一只小喇叭和一本书，桂冠象征荣耀和永生，喇叭象征名誉，书本代表对历史的记录。因此，画中女子的形象就是参考了历史女神克莉欧的形象。

值得一提的是，维米尔对光线的处理非常出色。他精确地描绘了光线在室内空间的传播和反射，使得画面中的光线既真实又富有美感。这种对光线的精细刻画不仅增强了画面的立体感，也使得画面更加生动。

小提示

约翰内斯·维米尔（1632年—1675年），荷兰风俗画家，绘画基本取材于市民的日常生活。他的画画面温馨、舒适、宁静，给人以庄重的感受，充分表现出荷兰市民对洁净、优雅、舒适环境的喜欢。代表作有《戴珍珠耳环的少女》《倒牛奶的女佣人》《绘画艺术》等。

维米尔作品《老鸨》（局部），被认为是维米尔的自画像

豆王盛宴

节日里的狂欢，视觉的宴席

创作者： 雅各布 · 乔登斯

创作年代： 约 1640 年— 1645 年

类型： 布面油画

尺寸： 高 242 厘米；宽 300 厘米

来源地： 比利时

画面中有许多人物，他们的表情各不相同，有夸张大笑的，有调侃起哄的，还有喝完酒呕吐的。他们共同烘托出整个场面的热闹嘈杂，使画面氛围更有感染力。

这幅画描绘了佛兰德斯人在主显节的风俗：能够找到藏在蛋糕里豆子的人会成为盛宴的国王，然后选择最漂亮的女人作为女王。其他出席者担任“名誉职务”。画面中的文字“没有人比醉鬼更接近傻瓜”，给堕落的人带来了一种道德的暗示。

画家采用了丰富而饱满的色彩，使得整个画面充满了活力和欢乐的氛围。例如，明亮的色彩用于描绘欢快的场景和人物，而较暗的色彩则用于表现阴影和背景，从而增强了画面的对比度和层次感。

画家通过合理的空间布局和人物安排，成功地突出了“豆王”这一核心人物，并引导观众的视线在画面中游走。同时，画家还巧妙地运用了透视法和明暗对比等手法，增强了画面的立体感和空间感，使得整个画面更加生动和逼真。

小提示

雅各布·乔登斯，是17世纪西班牙治下尼德兰地区的著名画家及壁毯设计师，“安特卫普学派”代表人物，与彼得·保罗·鲁本斯和安东尼·凡·戴克并称“佛兰德斯巴洛克艺术三杰”。他从未赴意大利学习，画风也与宫廷潮流有别，擅长捕捉农民喧闹的庆祝场面，同时也以优美的托寓画取胜。

雅各布·乔登斯

草地上的圣母

温柔笔触与和谐之美

创作者：
拉斐尔 · 圣齐奥
创作年代：
1505 年 — 1506 年
类型： 木板油画
尺寸： 高 113 厘米；
宽 88.5 厘米
来源地： 意大利

《草地上的圣母》，也被称为《圣母子与圣约翰》，是文艺复兴时期意大利画家拉斐尔·圣齐奥于1505年至1506年间创作的一幅油画作品，被视为意大利文艺复兴绘画的杰出代表作之一。《草地上的圣母》是一幅充满了人文主义精神和艺术美感的杰作，它不仅是拉斐尔个人创作生涯中的重要里程碑，也是文艺复兴时期绘画艺术的重要代表之一。

拉斐尔在这幅作品中巧妙地运用了金字塔构图，将圣母、圣婴和小约翰组织成一个稳定的三角形结构。这种构图方式不仅赋予了画面庄重、稳定的视觉效果，还加强了画作所要传达的宗教神圣感。圣母位于金字塔的顶端，她的目光向下，温柔地注视着圣婴和小约翰，而圣婴和小约翰则分别位于金字塔的两侧，形成了完美的对称。

小提示

拉斐尔画作中经常画的圣母是圣母玛利亚。在拉斐尔的画作中，圣母玛利亚通常被描绘为温柔、美丽、充满母性和纯洁的形象，她不仅是许多圣母子画像中的主角，也经常出现在许多宗教画作中。

圣母玛利亚

拉斐尔展现了其精湛的绘画技艺和敏锐的观察力。圣母的形象被塑造得既高贵又亲切，她的面容慈祥、目光深邃，仿佛能够洞察一切。圣婴则天真可爱，他的眼神清澈明亮，充满了对母亲的爱慕和依赖。小约翰则在一旁静静地凝视着圣母和圣婴，他的表情既严肃又充满了好奇。

在色彩与光线的运用上，作者运用了温暖而柔和的色调来描绘画面中的场景和人物，营造出一种宁静、和谐的氛围。同时，他还巧妙地运用了光线的变化来增强画面的立体感和层次感。圣母和圣婴的脸部被柔和的光线照亮，显得更加立体和生动，而小约翰则处于阴影之中，与前景形成了鲜明的对比。

《圣母与圣子》 贝林吉耶罗

在这幅13世纪的《圣母与圣子》画作中，圣母玛利亚的形象深受拜占庭艺术风格的影响，体现了中世纪宗教绘画的典型特征。圣母的表情庄严，直视观者，传达出一种神圣的威严。她的头部被金色光环环绕，背景亦用金色处理，这些元素加强了作品的神圣感，体现了圣母的超凡脱俗。尽管面部表情较为严肃，圣母的姿态却透露出母性的温柔与慈爱，她轻柔地托着圣子，展现了母亲的关怀。这幅画作既展示了圣母作为基督教中重要的神圣母亲的地位，也体现了她作为母亲的人性化特质，是对圣母玛利亚形象复杂内涵的一种深刻视觉诠释。

文艺复兴时期

文艺复兴时期的圣母形象体现了画作技艺的显著进步和人文主义思想的兴起，这一时期的圣母不仅是宗教符号，还变得更具人性。艺术家们通过详细的自然观察和对人体解剖的深入理解，赋予了圣母形象生动的真实性和情感深度。例如，达·芬奇在《岩间圣母》中描绘的圣母，以温柔的表情和与圣婴的自然互动，展现了母爱的柔情和深切的关怀。画作中的背景细节和光影处理也显现了达·芬奇对自然界的精细观察，进一步增强了作品的真实感和艺术表达的深度。

《岩间圣母》 达·芬奇

文物小知识

西方绘画中的探索：圣母形象变化

在西方绘画中，圣母玛利亚是一个常见且重要的主题。她不仅象征着纯洁、仁爱和崇高，更是艺术家们表达宗教信仰、社会价值和人文精神的重要媒介。从早期基督教艺术的神圣化描绘到文艺复兴时期的人文主义表达，再到巴洛克时期的丰富情感与强调戏剧性，圣母的形象经历了深刻的变化，这些变化不仅体现了技术的进步，更反映了人类对美、神性和人性的不断探索。

早期基督教艺术至中世纪

早期基督教艺术中的圣母形象多表现为神秘和超脱，圣母与圣子被描绘在一片金色背景之前，突出其神性。形象严肃、表情端庄，以及严格的正面向姿态，强调了圣母的宗教地位和神性。这些作品在色彩使用和线条处理上展现出一种不可企及的神圣感，与信徒之间存在着一种崇高的距离。

《西斯廷圣母》 拉斐尔

拉斐尔的《西斯廷圣母》则是文艺复兴时期圣母形象人性化表达的另一典范。在这幅作品中，圣母玛利亚被描绘为一位温柔且充满母性光辉的女性，她的眼神和微笑中流露出无限的慈爱。拉斐尔运用和谐的构图与明亮的色彩，使圣母形象不仅亲切而且充满神性，展现了文艺复兴艺术家对于美的追求和对人文主义理念的深刻理解。这些艺术创作不仅是技术上的革新，更是对圣母形象多维度的探索和表达，体现了文艺复兴时期对人类情感和个体价值的重视。

巴洛克时期

巴洛克时期的圣母形象进一步强化了对人性的探索，同时增加了戏剧性和情感的表达。在这一时期，艺术家们更注重构图的动态性，利用光影、色彩和空间的对比，创造出更具表现力和感染力的圣母形象。这一时期的作品常常通过复杂的场景和细节来强调情感的强度和视觉的冲击力，使圣母形象更加生动。

卡拉瓦乔的《圣母与蛇》是巴洛克时期的代表作之一。在这幅画中，卡拉瓦乔运用了他标志性的明暗对比（奇拉斯库罗技法），突出了圣母的勇敢和保护性。圣母在画面中显得很英勇，面对蛇所象征的邪恶力量，她保护着耶稣，展现了一种母性的勇敢和决断。这种表达方式不仅增强了画面的戏剧效果，也赋予了圣母一个更为积极和英雄化的意向。

巴洛克时期的圣母形象通过这种强烈的视觉和情感表达，不仅展现了母亲的慈爱，还突出了她在艺术和宗教故事中的中心地位。这些艺术作品通过复杂的构图、丰富的色彩和深邃的情感，体现了巴洛克艺术的豪放和情感表达，为观众提供了一种强烈的视觉和情感体验。

圣母形象的演变反映了西方绘画技艺的进步和社会文化的变迁。从早期的神性符号到文艺复兴的人性化描绘，再到巴洛克时期的戏剧性表现，每一个阶段的圣母形象都在不断地适应和反映时代艺术风格和文化理念的转变。这些艺术作品不仅展示了圣母形象的多面性和深度，也为我们提供了观察历史变革和探索人类精神的途径。

《圣母与蛇》 卡拉瓦乔

朱庇特和伊奥

光影缠绵的神界之恋

创作者： 安东尼奥·科雷吉欧
创作年代： 1530 年
类型： 布面油画
尺寸： 高 162 厘米；宽 73.5 厘米
来源地： 意大利

画面中，云雾缭绕，朱庇特（宙斯）以神秘的姿态出现，他的手臂从云雾中伸出，温柔地环绕着伊奥。伊奥的肌肤在光影下显得尤为柔美，眼神中透露出无奈与柔情。

《朱庇特和伊奥》是文艺复兴晚期画家科雷吉欧的杰作。这幅画以独特的构图和色彩运用，展现了古希腊罗马神话的浪漫与哀愁，同时也体现了科雷吉欧在矫饰主义风格上的高超技艺。画面充满了动态美与情感张力，是艺术史上不可多得的珍品。

科雷吉欧采用了独特的对角线构图，将伊奥置于画面的中心位置，背对着观众，呈现出一种动态的美感。朱庇特与伊奥形成了一种虚实相间的对比，增强了画面的层次感。这种构图方式打破了传统的对称与平衡，使画面更加生动和富有张力。

科雷吉欧在细节处理上展现出了高超的技艺。无论是伊奥柔美的肌肤、细腻的头发，还是朱庇特云雾形态的微妙变化，都被细致地刻画出来。画面中，伊奥的肌肤与周围灰黑的烟雾形成了鲜明的对比，突出了她的美丽与纯洁。同时，画家运用了丰富的色彩层次和过渡，使画面更加细腻和丰富。

科雷吉欧还巧妙地利用光线来营造氛围和情感。他通过光线的明暗变化，表现出伊奥内心的复杂情感——既有对朱庇特的爱慕与渴望，也有对命运的无奈与接受。同时，他也通过光线的方向来引导观众的视线，使画面更加具有吸引力和感染力。

小提示

安东尼奥·科雷吉欧，意大利文艺复兴晚期的杰出代表画家，以其卓越的艺术才华和独特的创作风格在艺术史上留下了浓墨重彩的一笔。他擅长运用动态的构图和光影效果，将画面中的每一个细节都刻画得栩栩如生，使观众仿佛置身于他所描绘的梦幻世界之中。科雷吉欧的作品充满了对神话和宗教题材的深刻理解，他通过画笔传达了人类对于爱、欲望、命运等永恒主题的探索和思考。

HANDICRAFTS / 工艺品

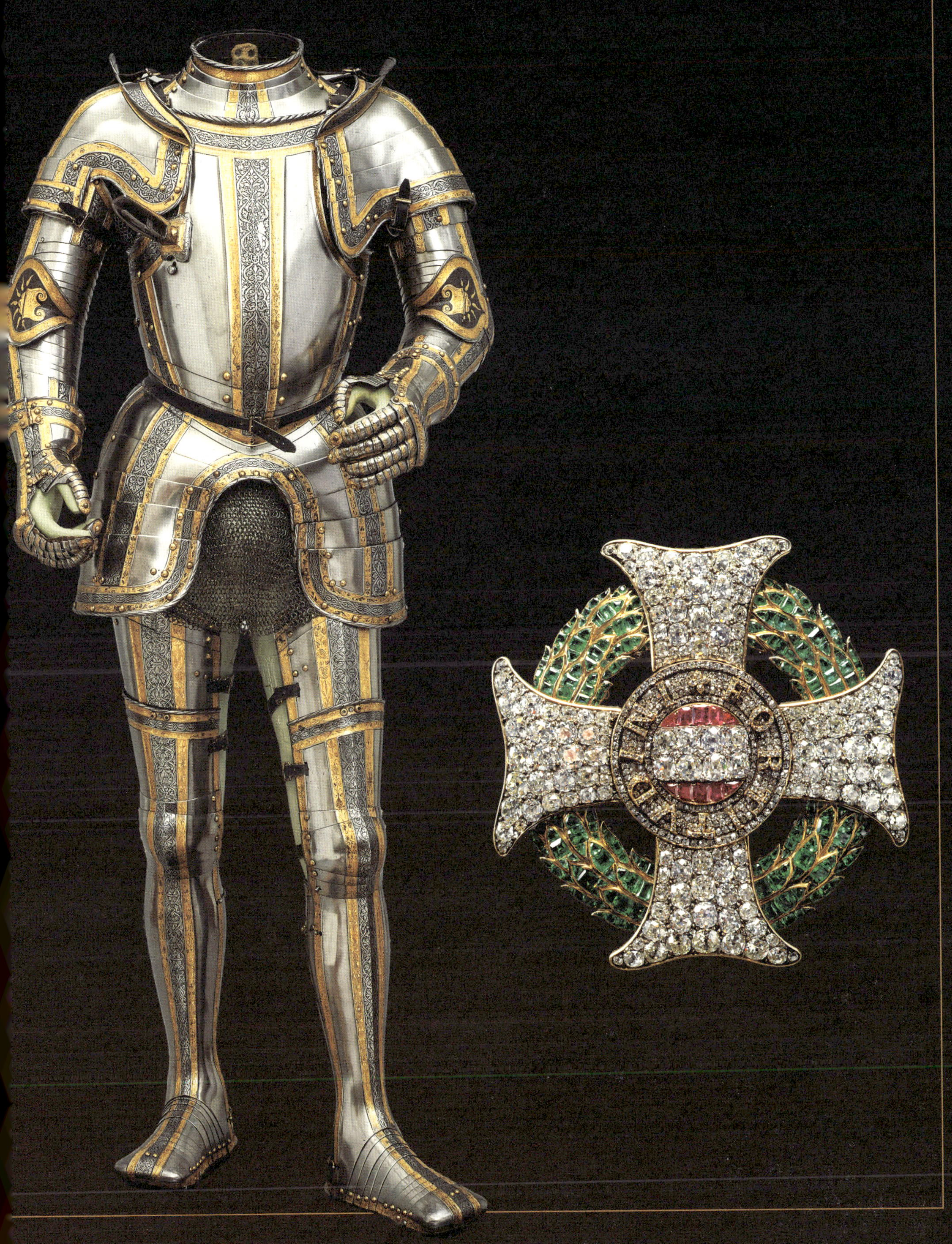

塞舌尔椰子水壶

海岛之美的独特诠释

塞舌尔椰子产自塞舌尔群岛上的一种特有棕榈树，其种子体积非常巨大，有时会被海浪冲刷到印度洋的海滩上。因为这些种子被人们在海边发现，它们最初可能被误认为是来自海洋的果实，因此得名“海果”。实际上，这些种子来自内陆的棕榈树，并非真正意义上的海生植物。这种误解在历史和文化中流传，甚至在艺术品，如为鲁道夫二世皇帝制作的水壶上也有所体现，展示了自然与艺术之间有趣的相互作用。

创作者： 安东 · 施魏因伯格

创作年代： 1602 年

类型： 金银器

尺寸： 长 38.5 厘米；宽 36.5 厘米；高 26 厘米

来源地： 布拉格

这件水壶上的雕刻无疑展示了宫廷艺术家的高超技艺。通过对塞舌尔椰子的精致刻画，不仅呈现出其外形的真实感，还通过细腻的线条和层次感表现出椰子的质感。这种精湛的雕刻技艺使得整个水壶在细节上充满了生命力。

水壶的底座上装饰有银质的手臂，将整个壶托举起来，水壶的身体由半个塞舌尔椰子壳制成，镶嵌在金饰中；三角形的出水口边缘刻有弯曲的带子，壶盖上有一位健壮的男人骑在马的身上并在海浪般的纹饰上奔腾。椰子壳上也雕刻有许多纹饰，用金饰分割成几个小窗口，每个窗口都雕刻有不同的场景，外围雕刻有装饰的飘带和卷曲的藤蔓。

小提示

塞舌尔椰子在文艺复兴时期的欧洲极为罕见，它们唯一的起源地——塞舌尔群岛中的两个小岛——位于马达加斯加东北约700英里的印度洋上，但直到1768年才广为人知。能够生产这些巨大椰子的棕榈树通常有100英尺高，树龄超过100年。这种椰子通常重达50磅，可能需要6年才能成熟。

塞舌尔坚果容器

奥古斯都宝石

石头上的赞歌，伟大的奥古斯都

创作年代：公元 1 世纪

类型：浮雕

尺寸：高 19 厘米；宽 23 厘米

来源地：古罗马

宝石浮雕上下两层图案：

上层是诸神为奥古斯都加冕，这也是该宝石名称的由来。

罗马的圆形标志被军事装备包围，而奥古斯都手持权杖，这象征着他的统治权和他作为罗马帝国领袖的角色。在他的脚下是一只鹰，象征着木星之神，代表着奥古斯都与众神有着密切的联系。

下层是罗马军团树立起一根标杆，还有被俘的野蛮人和获胜的罗马人，象征罗马帝国百战百胜。

这件文物是维也纳艺术史博物馆文物收藏中保存的最重要的古代浮雕之一，用来赞美奥古斯都皇帝及其继任者提比略的事迹。它由两层阿拉伯红玛瑙和罗马皇家宝石作坊的杰作切割而成。

在17世纪，德国工匠曾为宝石镶金，所以现存宝石的背面和四周已经完全为金箔覆盖，顶端留有忍冬纹挂柄。

奥古斯都身后是罗马官员，他是文明世界的化身，将公民王冠戴在皇帝的头上。在罗马帝国，被授予公民王冠是一种莫大的荣誉，因为它只授予那些从敌人手中拯救了罗马公民的人。海洋的化身俄刻阿诺斯坐在最右边。最后方，大地女神手里拿着一个聚宝盆和她的两个胖乎乎的孩子坐在一起。

上层侧重于和平，下层代表整个罗马帝国的建立和维持和平的战争。一切都是为了赞美奥古斯都服务的。作品中表达了这位皇帝对整个罗马帝国的统治，以及他最大的成就——带来了罗马的和平与繁荣。

小提示

奥古斯都，是罗马帝国的开国君主，原名盖乌斯·屋大维·图里努斯。他于公元前63年9月23日出生，并于公元14年8月19日去世。在他统治期间，罗马结束了长达一个世纪的内战，进入了一段相当长的和平、繁荣的辉煌时期，被称为“罗马和平”。奥古斯都的称号“神圣、至尊”的含义与罗马帝国的宗教信仰有关，意为“权威”，也与他的皇帝身份相匹配。

奥古斯都

博物馆里的浮雕：
刻在宝石上的历史

古希腊罗马时期的浮雕宝石作品是维也纳艺术史博物馆中非常重要的收藏之一。这些作品以精湛的雕刻技艺和丰富的故事情节而闻名，成为古典艺术的代表之一。

这些浮雕宝石作品通常采用贵重的宝石作为材料，如紫水晶、绿松石、红玉髓等，它们的形状各异，有的呈圆形或椭圆形，有的则是方形或矩形。在雕刻过程中，艺术家们利用宝石的天然色彩和纹理，通过精细的雕刻和巧妙的布局，将故事情节和人物形象栩栩如生地呈现在宝石上。

这些浮雕宝石作品的主题大多与古希腊罗马神话和历史事件有关，例如众神和英雄的战斗、神祇的诞生和爱情故事等。它们不仅展现了古希腊罗马文化的精髓，同时也反映了当时社会的价值观和审美观念。

奥古斯都饰亚历山大宙斯

奥古斯都（公元前27年）被描绘成一位胜利的将军和皇帝：他戴着桂冠，裸体，手持权杖和一束闪电，以最高神朱庇特宙斯的形式和姿势出现，因此也让人想起亚历山大大帝。

阿芙洛狄忒和阿多尼斯

睡在树下的阿多尼斯被两个长着翅膀的天使唤醒，大自然充满了生机，在他面前的是阿芙洛狄忒，她俯视着他。对于希腊人来说，阿多尼斯最初是东方植被神，是自然界每年反复觉醒和死亡的象征。根据传说，他一生与两个女人共度时光：一年中三分之一的时间在冬天，他与珀耳塞福涅一起住在冥界，三分之二的时间他与心爱的阿芙洛狄忒在一起。

在雕刻技艺方面，古希腊、古罗马艺术家们采用了浅浮雕和圆雕等多种技法，使得作品层次丰富、细节精致。这些艺术家们注重表现人物的情感和内心世界，通过雕刻面部的细微变化和身体的姿态，将人物形象刻画得栩栩如生。

总的来说，古希腊、古罗马时期的浮雕宝石作品是古典艺术的瑰宝，它们不仅展现了古希腊、古罗马文化的魅力，同时也为现代艺术和文化的发展奠定了基础。

古罗马的历史与文化

古罗马历史与文化是一个丰富多彩的主题，它涵盖了大约1200年的历史时期，从罗马的起源到西罗马帝国的灭亡。

古罗马文化的特点表现在许多方面。在建筑方面，古罗马建筑以圆拱、拱门和罗马柱等元素为代表，如罗马斗兽场、万神殿等。在文学方面，维吉尔的《埃涅阿斯纪》和奥维德的《变形记》等古罗马文学对西方文学产生了深远的影响。在哲学方面，古罗马哲学以折衷主义和斯多葛主义为代表，强调理性、自然和人类与宇宙的和谐。在法律方面，古罗马法律如《民法大全》和《万民法》等对西方现代法律产生了深远的影响。通过了解古罗马的历史与文化，我们可以更好地理解西方文化的根源和发展。

古罗马斗兽场

万神殿内部

玛丽亚·特蕾莎
军事大十字钻石星芒勋章

勇气与荣誉的象征

创作者： J.A. 舍尔

创作年代： 1765 年

类型： 宝石饰品

尺寸： 高 10.6 厘米；宽 10.6 厘米

来源地： 奥地利

军事玛利亚·特蕾莎勋章（也称为玛丽亚·特蕾莎军事大十字钻石星芒勋章或奥地利军事玛利亚·特丽莎勋章）是哈布斯堡王朝的最高军事奖项。1757年，为了庆祝在科隆战役中战胜普鲁士的弗雷德里克二世军队，玛丽亚·特蕾莎设立了奥地利第一个军事功绩勋章，并为其命名。

勋章是一个卷曲的白色金边十字架，其正面中间的盾牌代表奥地利，上面刻有“勇敢”字样。背面印有交织在一起的字母M T F（玛利亚·特蕾莎的姓名缩写）。

勋章上的十字架镶嵌有钻石、红宝石和祖母绿。从弗朗西斯一世开始，皇帝们佩戴此勋章作为装饰，其中的祖母绿最初由约瑟夫二世拥有。

佩戴勋章的约瑟夫二世

军事玛丽亚·特蕾莎勋章代表了奥地利帝国对于军事成就的最高认可。获得这枚勋章的军官，不仅要在战场上表现出色，还要在军事策略和领导才能方面有过人之处。因此，这枚勋章也成为许多军官一生追求的目标。

小提示

欧洲勋章的起源可以追溯到中世纪时期，当时的欧洲贵族为了区分身份，会为自己的骑士设计作为身份象征的勋章。这些勋章通常由贵金属和宝石制成，上面刻有家族或领地的标志和格言。随着时间的推移，勋章逐渐演变成为一种荣誉和奖励的象征，君主和国家开始设立各种勋章来表彰在军事、政治、文化等领域做出杰出贡献的人物。

匈牙利圣史蒂芬十字勋章

菲利普二世的骑士甲胄

威武精致的铠甲，刀枪不入的父爱

这件甲胄由奥格斯堡的蚀刻师乌尔里希·霍尔兹曼精心装饰，他巧妙地运用宽大的黑色蚀刻纵向条纹，创造出交织的卷须和树叶图案，并配以狭窄的金色錾刻条纹，使整件甲胄显得既威武又精致。霍尔兹曼还在甲胄的背面刻上了他的名字的字母组合“VH”，而创作时间“1544”则被刻在左腿上。

创作者：德西德里乌斯·赫尔姆施米德、乌尔里希·霍尔兹曼

创作年代：1544 年

类型：金属器

尺寸：高（包括头部和铁板）171 厘米；宽 69 厘米；深 60 厘米

来源地：德国

维也纳艺术史博物馆中收藏了许多中世纪盔甲，这件就是其中的代表之一。查理五世从宫廷侍从德西德里乌斯·赫尔姆施米德那里订购了一套华丽的盔甲，作为他的儿子西班牙的菲利普二世的成年礼物，这件骑士甲胄是宏伟套装的一部分。

数千年来，武器和盔甲不仅在征服和防御战中至关重要，在宫廷庆典和仪式活动中也必不可少。最好的盔甲和武器能代表当时社会的最高的艺术审美和技术能力。

这套盔甲能严密防护全身，工匠把一块块小的金属板拼在一起，以便关节各处能灵活摆动。

小提示

皇家工匠，奥格斯堡的赫尔姆施米德家族是中世纪晚期欧洲最重要的军械家族之一。赫尔姆施米德为神圣罗马帝国的高级贵族、西班牙帝国的统治者、奥地利和蒂罗尔大公以及其他富有的客户制造盔甲。赫尔姆施米德家族为神圣罗马帝国皇帝查理五世和西班牙腓力二世制作的许多作品都保存在马德里皇家军械库中，维也纳艺术史博物馆中也保存着许多作品。

《科尔曼·赫尔姆施米德和艾格尼丝·布鲁的婚礼肖像》

加冕斗篷

王者的披风

创作者： 巴勒莫皇家宫廷工作坊

创作年代： 1133 年

类型： 纺织品

尺寸： 高 146 厘米；宽 345 厘米

来源地： 意大利

这件独特的加冕斗篷由厚重的红色丝绸制成，上面装饰着金线和数万颗珍珠。它的形状是半圆形的，用珐琅搭扣固定。斗篷下端的阿拉伯语铭文表明，这件衣服是528年（根据伊斯兰年表，与公元纪年的1133年对应）巴勒莫皇家宫廷工作坊制作的。

这件镶有黄金、珍珠装饰的珍贵斗篷，是神圣罗马帝国皇帝罗杰二世加冕时使用的加冕礼套装的一部分，但它实际上是在加冕几年后才制作的。

这件斗篷上的图案灵感来自东方的阿拉伯艺术。它描绘了两只背靠背对称的狮子战胜骆驼的场景，而在这两者之间，是一棵抽象的生命之树。

在阿拉伯文化中，这棵生命之树实际上是椰枣树，狮子在这里象征着战胜敌人的统治者。由于这件斗篷的珍贵和重要性，神圣罗马帝国的皇帝们从13世纪开始选择将其用作加冕礼斗篷，即使它带有“外国文化的图案”，他们也不介意。

加冕斗篷，也被称为披肩，不像普通斗篷一样穿着，而是将扣子放在肩膀上旋转90度，通常在右边，以便宣誓或将佩剑暴露在外。

小提示

加冕礼是君主即位时所举行的仪式，通常涉及庄重的仪式和传统，旨在展现国王或女王的威严和权力，以及国家的历史和文化底蕴。加冕礼通常在教堂等宗教场所举行，包括祈祷、唱赞美诗、宣誓、披袍、冠冕、授勋、拥戴和庆祝等环节。在加冕礼中，君主通常戴上象征权力的王冠，接受朝臣的祝福和宣誓。加冕礼具有政治和宗教的重要意义，对君主权力的确立和传承提供了一种理论基础。

文物小知识

盛大隆重：
古代欧洲最重要的加冕礼

加冕礼的起源

欧洲加冕礼最早可以追溯到罗马帝国时期。最初是一种仪式，旨在确认君主权力的合法性和神圣性。在仪式中，君主被授予一枚象征权力的戒指或一把权杖，这代表着君主获得了上帝的授权和保护，可以统治国家和人民。

在欧洲中世纪时期，加冕礼变得更加重要和复杂，因为君主开始将加冕礼作为展示其权力和地位的一种方式。他们开始建造壮丽的教堂和宫殿，并邀请各地的贵族、富商和艺术家前来参加仪式。

《凯瑟琳大帝加冕礼》 斯特凡诺·托雷利

华丽的加冕服饰

君主在加冕仪式上需要身穿加冕礼服，此外，君主的右手无名指上还要佩戴君主之戒，头上要戴华丽的王冠，手中要拿权杖和王权宝球。

伦巴多-威尼斯王国加冕的礼服

弗雷德里克二世加冕时戴的手套

加冕礼主教所穿的罩袍

欧洲加冕礼服的起源可以追溯到中世纪。最初，加冕礼服并没有固定的样式，随着时间的推移，逐渐发展成为由长袍、斗篷、帽子等组的一套服饰。其中，长袍是最为重要的部分，通常采用华丽的织物制成，上面镶嵌着宝石、珍珠等贵重饰品，代表着君主的尊贵和权力。

古代欧洲最尊贵的颜色

对古代欧洲人来说，不同的颜色承载着不同的象征意义。比如在英国历史上，红色一直与权力、勇气和尊贵紧密相连。英格兰在12世纪开始就以红色为主色调，到了17世纪末，英军已经传承了数百年的红色传统，红色也成为英军军装的代表色。

《总督的肖像》

染料骨螺

对中世纪的欧洲皇室来说，服饰上最尊贵的颜色除了红色外，就是紫色了。当时，紫色染料大部分来源于一种名为“染料骨螺”的海螺，采集和加工颜料的过程都非常困难。据说，要从25万只染料骨螺中才能提取到够染一条罗马长袍的约14.17克染料，还要经过长时间的曝晒和精细的处理才能让颜料持久不褪色。

《罗马皇帝查士丁尼大帝的半身像》

这种珍贵的紫色染料主要用于贵族和皇室的服装，因为它不仅颜色鲜艳，而且象征着权力和地位。由于其昂贵的价格和稀缺程度，这种染料也成为欧洲时尚界和艺术界追逐的珍品。

《法王查理五世授宝剑给王室统帅》

蓝色在古代欧洲文化中也占有重要地位。自路易七世开始，蓝底金鸢尾花的纹章就被视为法国的标志，其主色调一直为深蓝色。到了现代，蓝色更是成为欧洲王室的象征色，被称为“皇家蓝”。

布拉蒂纳（友谊杯）

友谊的甘露之杯

这件华丽的带盖器皿镶嵌着珍珠和宝石，是一只友谊杯。这类杯子不仅用于迎宾饮酒，还常常放置在墓碑上，盛满syta（即甘露），象征对逝者的怀念和祝福。

杯子外观十分精美，黄金的闪耀、珐琅的绚丽、红宝石的炽热、蓝宝石的深邃、祖母绿的生机、珍珠的温润……所有元素之美在这只小酒器上得到了完美融合与展现。

创作年代： 1637 年之前

类型： 金属器

尺寸： 高 27 厘米；深 18 厘米

来源地： 法国

这只镶嵌着珍珠和宝石的俄罗斯友谊杯，是1637年波兰国王拉迪斯劳斯六世与奥地利大公之女凯西莉亚·雷纳塔结婚时，俄罗斯沙皇费奥多罗维奇赠送的礼物之一，具有重要的历史和文化价值。

盖子上的设计同样引人注目，顶部有一只波兰白鹰，是波兰国家的象征，旁边还有国王名字的字母组合。这些元素不仅增加了器皿的装饰性，还赋予其深刻的象征意义，体现了波兰和俄罗斯两国之间的友好关系。

在这只杯子的边缘下方，有一行俄语铭文，清楚地标明了赠送者的姓名和全称，使人们能够明确这件艺术品的来源和背景。铭文采用珐琅工艺，色彩鲜艳，字迹清晰，是整个设计中不可忽视的重要部分。

波兰白鹰

白鹰图案是波兰国家的象征之一，具有深厚的文化和历史意义。这个图案通常表现为一只展翅飞翔的白鹰，它象征着波兰的力量、自由和独立。在波兰的国徽、旗帜、钱币以及其他官方场合中，我们经常可以看到这个白鹰图案的身影。杯盖上饰有波兰白鹰图案和国王的纹章，这进一步强调了这件器皿与波兰国家的紧密联系。白鹰图案代表了波兰的尊严和荣耀，通过赠送这件器皿，俄罗斯传递了对波兰王室的友好和尊重。同时，国王的纹章则进一步强调了这件礼物的皇家背景和尊贵地位。

小提示

布拉蒂纳，是俄罗斯早期流行的一种独特器皿，其名源于“Bratchina”或“Bratovshchina”，意指兄弟间欢聚的盛宴。这些器皿多为大型球形，表面常刻有描述亲人重聚的铭文，寓意深远。据记载，最早使用贵金属打造的Bratina可追溯至16世纪初，但遗憾的是，仅有少数较晚期的作品得以保存。随着时间的推移，到了18世纪初，金属Bratina的使用逐渐式微，但在民间却仍受欢迎，不过材质已转变为更为常见的非贵金属。

各种造型的“Bratina”

神圣罗马皇冠

欧洲历史上的璀璨明珠

它由8块通过带销的铰链相连板组成，板的高度在11.9厘米至14.9厘米之间，装饰各异。主板以宝石和珍珠镶嵌，小板则用珐琅绘制。现在空着的缺口曾装有宝石或珍珠饰品，而两侧板下边缘的孔眼可能曾挂有装饰带或垂链。所有金板均经过精心设计，以提高宝石的光泽，凸显其复杂的镂空工艺。

创作年代： 10 世纪 — 11 世纪
类型： 金属器
尺寸： 头板，14.9 厘米；11.2 厘米
来源地： 德国

查理大帝的传奇故事让这顶皇冠倍显神圣，它也成为德意志民族荣耀的象征。这顶皇冠在历史长河中一直闪耀至1792年的最后一次加冕仪式，如今，它已然成为欧洲历史上最深刻、最引人回味的标志之一。

前板上有一个9.9厘米高的十字架，十字架插在心形蓝宝石的后面，并焊接在锥形套筒上。十字架正面镶嵌着宝石和珍珠，背面刻有被钉十字架的基督。

小提示

皇冠作为神圣罗马帝国（德意志民族）国王和皇帝权威与正统性的最显著象征，它的地位历经数个世纪的沉淀与演变。在中世纪时期，皇帝们常将包含这顶皇冠在内的皇家珍宝四处迁移，分藏于各个城堡之中。自1424年起，这些珍宝被永久安置在了纽伦堡。大约在1510年，阿尔布雷希特·丢勒为查理大帝绘制了一幅肖像，在这幅作品中，查理大帝被尊奉为帝国的奠基者，头上戴着的就是那顶象征至高无上权力的皇冠。这也是这顶皇冠首次以精准而细腻的手法被描绘于画布之上。

皇冠上的弓形装饰长23.1厘米，用销钉固定在冠上。它的设计有助于加强不稳定的皇冠结构。该装饰由8个拱型小门组成，每个拱门上装饰着一个框架和一个用珍珠籽拼接而成的铭文。上面写着："CHVONRADUS DEI GRATIA/ROMANORV（M）IMPERATOR AVG（VSTVS）"（上帝保佑康拉德/罗马庄严的皇帝）。

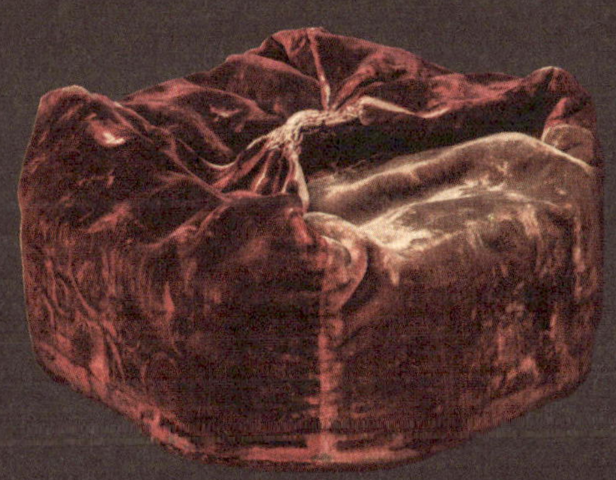

皇冠内部是一件红丝绒的帽子，宽22.3厘米，重约7.5磅，年代可追溯到17或18世纪。据推测，这种帽子的存在使得皇帝在加冕典礼和其他国家活动中戴上相对大而重的皇冠变得更容易。

皇帝弗朗茨一世的盥洗用品

皇帝的自我管理与形象设计

创作者：安东 · 马蒂亚斯 · 约瑟夫 · 多马内克

创作年代：1750 年

类型：金属器

来源地：维也纳

这套盥洗用品采用了当时最为贵重的材料，这些材料不仅质地优良，而且经过精湛的工艺处理，使得整套盥洗用品既坚固耐用又华丽无比。此外，工匠们还运用了当时最先进的铸造、雕刻、镶嵌等技术，将各种材料巧妙地结合在一起，形成一套精美绝伦的艺术品。

皇帝弗朗茨一世的盥洗用品中包含他的洗脸盆、沐浴设施、剃须刀和修剪指甲的工具等。这些盥洗用品展示了当时的生活方式和宫廷文化的细节，反映了19世纪皇室生活的奢华和精致。通过这些物品，参观者可以更深入地了解弗朗茨一世的个人形象和生活方式，以及当时宫廷文化的风貌。

弗朗茨一世的盥洗用品的设计既体现了古典主义的优雅与庄重，又融入了巴洛克风格的华丽与繁复。整套用品的线条流畅，造型别致，无论是器皿的形状还是图案的设计，都彰显出极高的艺术水准和审美品位。

这套盥洗用品的设计充分考虑了实用性，每一件物品都有其独特的功能和用途。例如，金制的水壶和脸盆不仅造型美观，使用起来也非常方便；银制的牙刷和刮胡刀则体现了当时人们对个人卫生的重视。这些用品不仅满足了皇室成员的日常生活需求，也体现了其高贵与奢华的生活。

作为皇室用品，弗朗茨一世的盥洗用品自然也具有极高的象征意义。它们不仅是权力的象征，代表着皇室的尊贵与荣耀，更是文化传承的承载物。每一件用品都凝聚着工匠们的心血和智慧，是欧洲艺术史和工艺史上的瑰宝。

小提示

历史上，男性和女性的盥洗套装都由金属、陶瓷和其他材料制成。套装内包含的工具各不相同，但通常包括一面镜子、一个小壶和盆、两个烛台以及各种碗、盒子和其他容器。通常还包括一个或多个刷子和一个针垫。这些套装通常配备一个定制的旅行箱，有些套装专门为旅行而设计。

绅士盥洗套装

繁复的盥洗套装：欧洲贵族的精致生活

继在食用和饮用器物上使用银制品之后，盥洗用品也成为大多数富裕家庭中最常见的贵金属用品。大约在1640年至1780年间，这种盥洗套装是送给新娘的惯常礼物，也是在孩子出生时赠送的礼品。它可以囊括多达30件物品，包括用于盛放面霜、胶水、贴片和粉末的罐子、针垫、刷子、鼻烟壶、烛台，也许还有一面银框镜子。妇女的盥洗套装往往显示出家庭的财富和地位。同样，男士也有非常豪华的专门盥洗套装，由珍贵的材料制成，做工精细。

《夏洛特女王和她的两个孩子》（局部） 约翰·佐法尼 1765 年

施坦因·冯·施陶芬贝格家族帝国伯爵的盥洗套装 大都会艺术博物馆藏

欧洲城市街道

约翰·哈林顿肖像

中世纪欧洲贵族的卫生情况

中世纪的欧洲城市卫生情况普遍较差，街道狭窄、脏乱不堪，生活垃圾和废弃物常常被随意丢弃。贵族王庭内的卫生设施非常有限，许多宫殿和城堡只有简易的茅厕和排水系统，容易滋生细菌，引发疾病。

世界上第一个冲水马桶

约翰·哈林顿在1596年设计了第一个实用的冲水马桶。他的设计了一个带有水箱和冲水阀门的木制座位，这是现代抽水马桶的雏形。尽管这一发明在当时并未立即得到广泛应用，但它确实是马桶发展史上的一个重要里程碑。这一设计相较于之前的马桶更加便捷和卫生，因为它能够通过冲水的方式自动清洁。

哈林顿甚至将他的作品献给了当时的英国女王伊丽莎白一世，据说女王并不太乐意使用这种新型的马桶。

伊丽莎白一世用过的抽水马桶

罗马王的摇篮

王室的宝座与婴儿般的睡眠

制作这个宝座形状的摇篮用了大约280千克的银，搭配的装饰帘是用柔滑的丝绸制成的。

创作者： 皮埃尔 · 保罗 · 普吕东、亨利 · 维克托 · 罗吉尔、让 – 巴蒂斯特 · 克劳德 · 奥迪奥、皮埃尔 · 菲利普 · 托米尔

创作年代： 1811 年

类型： 皇室家具

尺寸： 高 216 厘米

来源地： 法国

这个摇篮是送给拿破仑和他的第二任妻子玛丽·路易丝的礼物，为了纪念他们在1811年3月20日出生的儿子拿破仑·弗朗索瓦·查尔斯·约瑟夫。根据神圣罗马帝国的传统，父亲授予了新生儿“罗马王”的头衔，这就是摇篮看起来像是一个华丽宝座的原因。

摇篮的主体是象征财富、正义和权力的聚宝盆样式的睡篮，睡篮的两侧装饰着成排的蜜蜂。拿破仑用蜜蜂代替波旁王朝的百合花作为他的徽章。

摇篮的脚下栖息着一只小鹰（法语:aiglon，因为王子被亲切地称为aiglon），准备飞向一颗缀有拿破仑字母的星星。

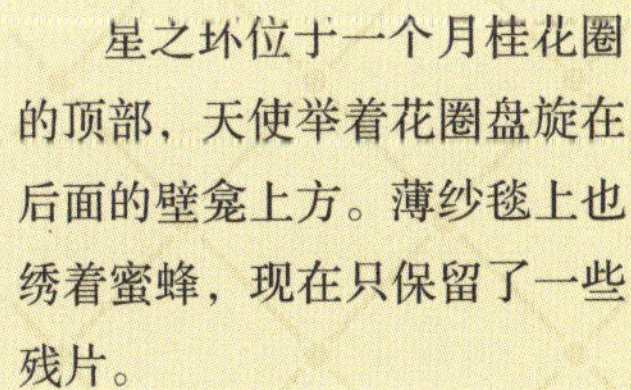

星之环位于一个月桂花圈的顶部，天使举着花圈盘旋在后面的壁龛上方。薄纱毯上也绣着蜜蜂，现在只保留了一些残片。

小提示

拿破仑二世，本名弗朗索瓦·约瑟夫·夏尔·波拿巴，是拿破仑一世与他的第二位皇后玛丽·路易丝之子，1811年3月20日生于杜伊勒里宫。后因身患肺结核，于1832年在维也纳去世。

《拿破仑二世》

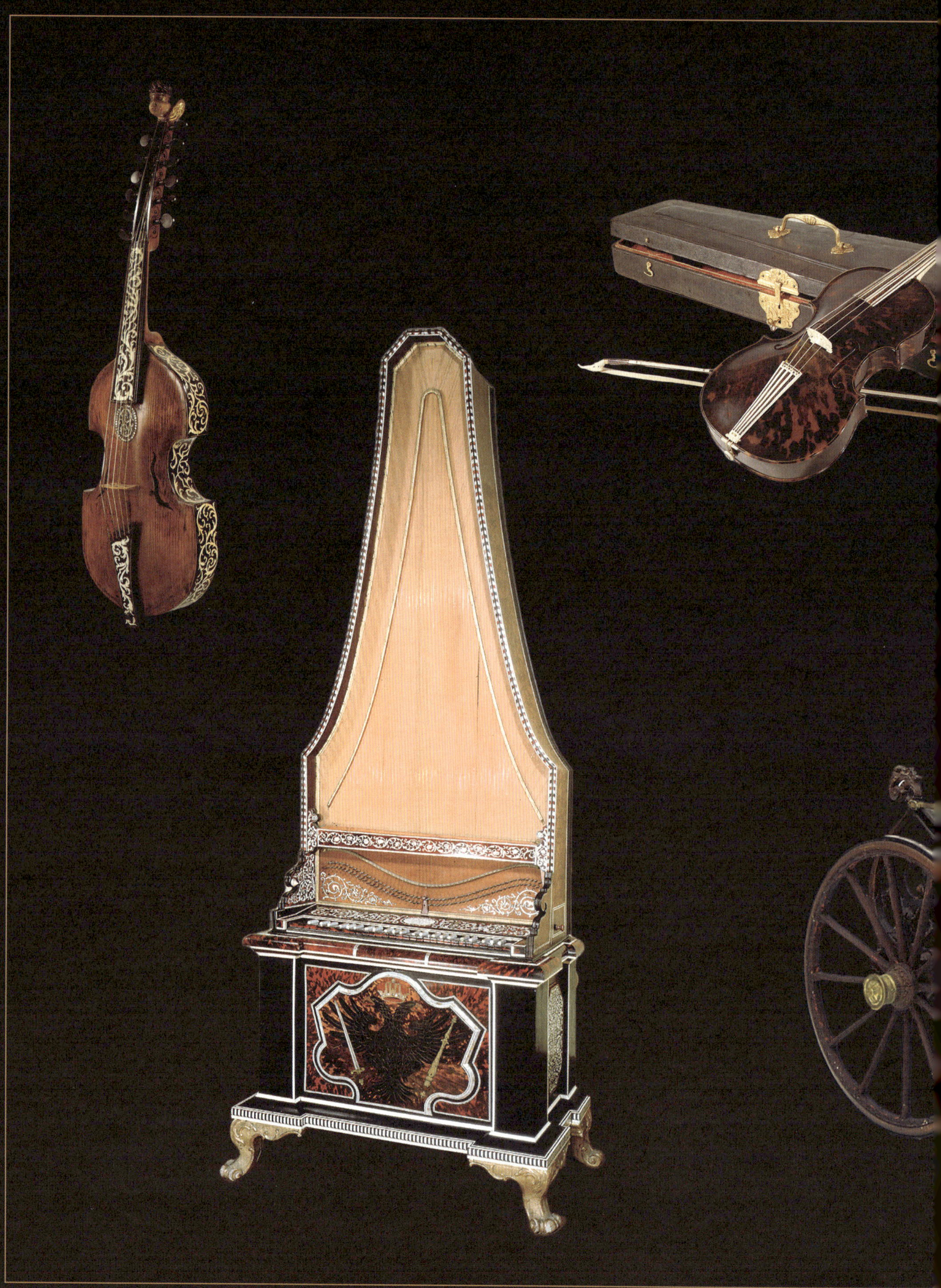

击弦琴

穿梭百年的美妙音乐

不同于传统的竖琴，击弦琴的弦是垂直而非水平的。这意味着在演奏时需要特殊的机制来触动这些弦。

这种机制是通过一个复杂的滚轮板实现的，它位于乐器的支架中。当演奏者按下键时，滚轮板会传递这个动作，使弦能够被拨响。

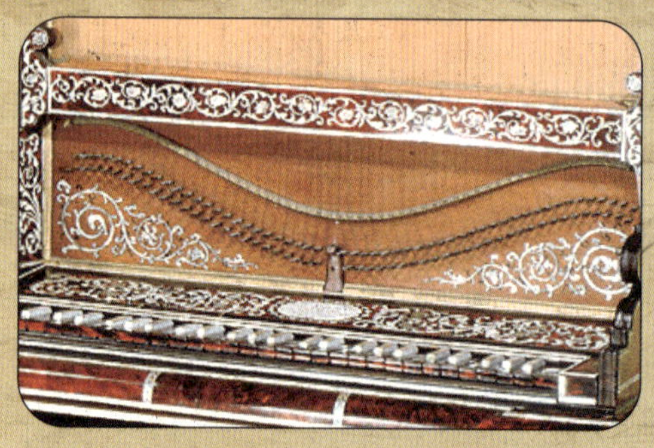

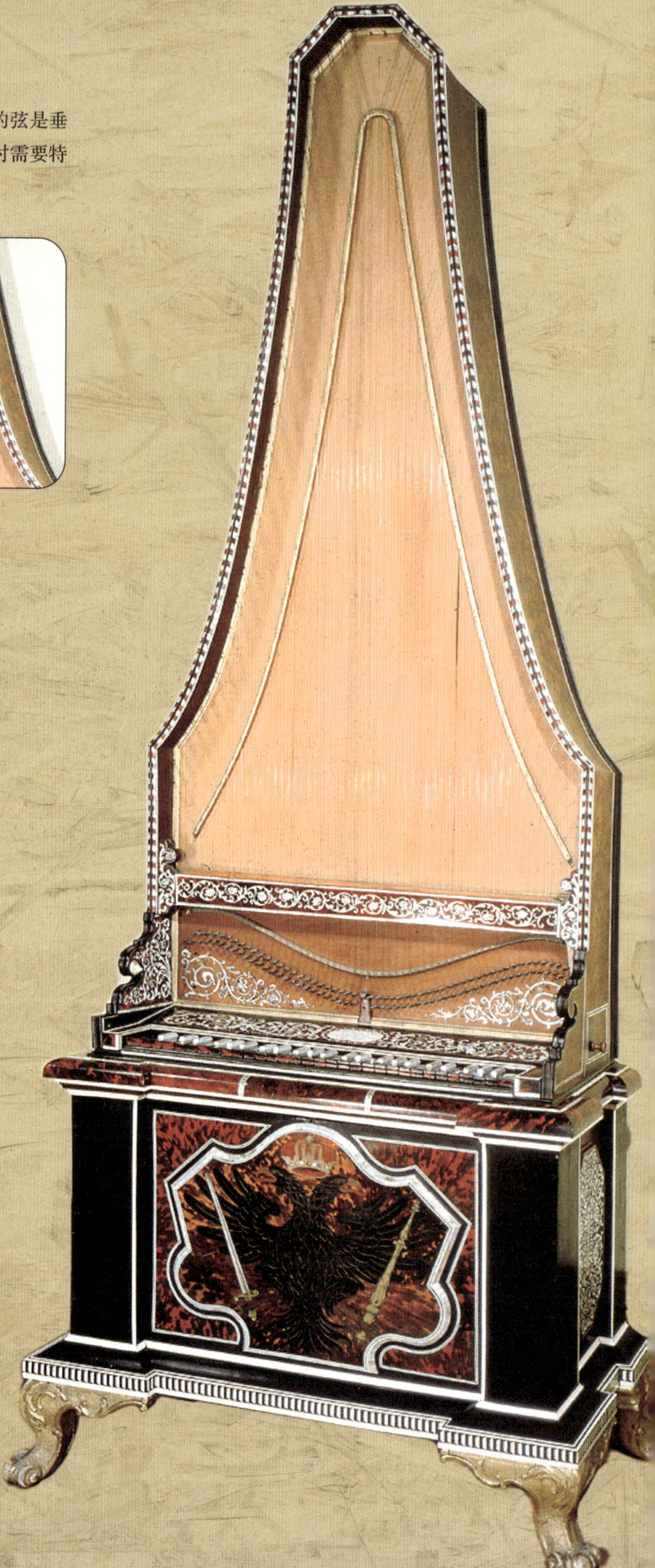

创作者：马丁 · 凯撒

创作年代：17 世纪下半叶

类型：木制乐器

尺寸：高 283 厘米；宽 88 厘米

来源地：德国

击弦琴是一种拨弦键盘乐器，或称直立大键琴。音板和琴弦垂直安装，面向演奏者。大键琴垂直的主要目的与后来的立式钢琴相同，即节省占地空间。这种乐器早在15世纪就已经存在了。

键盘的布局也是经过精心设计的，低音符在左侧，这与常规的键盘布局不同。这种设计是为了确保演奏时的舒适性和效率。

小提示

除了击弦琴外，钢琴也是欧洲传统乐器，钢琴的发明可以追溯到1709年，由意大利人巴托罗密欧·克里斯多佛利（1655年—1731年）发明。在此之前，有一些弦乐器如古钢琴和羽管键琴，但它们缺乏力度和音量的变化。克里斯多佛利通过改进和创新，发明了一种新的乐器，它结合了古钢琴的轻柔音色和羽管键琴的力度变化。这种乐器很快在欧洲上流社会中流行开来，并成为音乐教育的一部分。

维也纳艺术史博物馆中收藏的古代欧洲钢琴

除了上述提到的滚轮板，击弦琴还包含了许多其他的机械部件，这些部件协同工作，确保了乐器的正常运行和演奏的准确性。

文物小知识

历史的声音：
维也纳艺术史博物馆里珍藏的乐器

维也纳艺术史博物馆珍藏了全球最重要的文艺复兴和巴洛克时期的乐器。此外，博物馆还保存、维护和展出了许多著名音乐家和作曲家演奏过的乐器。维也纳古典主义作曲家们所处的音乐世界在这里几乎完整地得到了重现。

弦乐器

这把龟甲小提琴是一件罕见的艺术品。它的制作人温泽尔·科万斯基是一名乐器外壳制造商，他将几层龟甲融合在一起，制成了两片足够大的材料，可以制作背板和顶板。除了龟甲，科万斯基还用金线做小提琴的装饰，用象牙做配件。

小提琴

小提琴

鲁特琴

弹拨乐器

鲁特琴是一种曲颈拨弦乐器，在中世纪到巴洛克时期受到人们的喜爱。一般来说鲁特琴由木头制成，音箱的形状就像一颗对半切开的梨。鲁特琴的正面有面板和音孔，音孔常常会用镂空雕花图案来装饰。鲁特琴的背面是突出的圆弧状，大大的肚子内是中空的音箱。

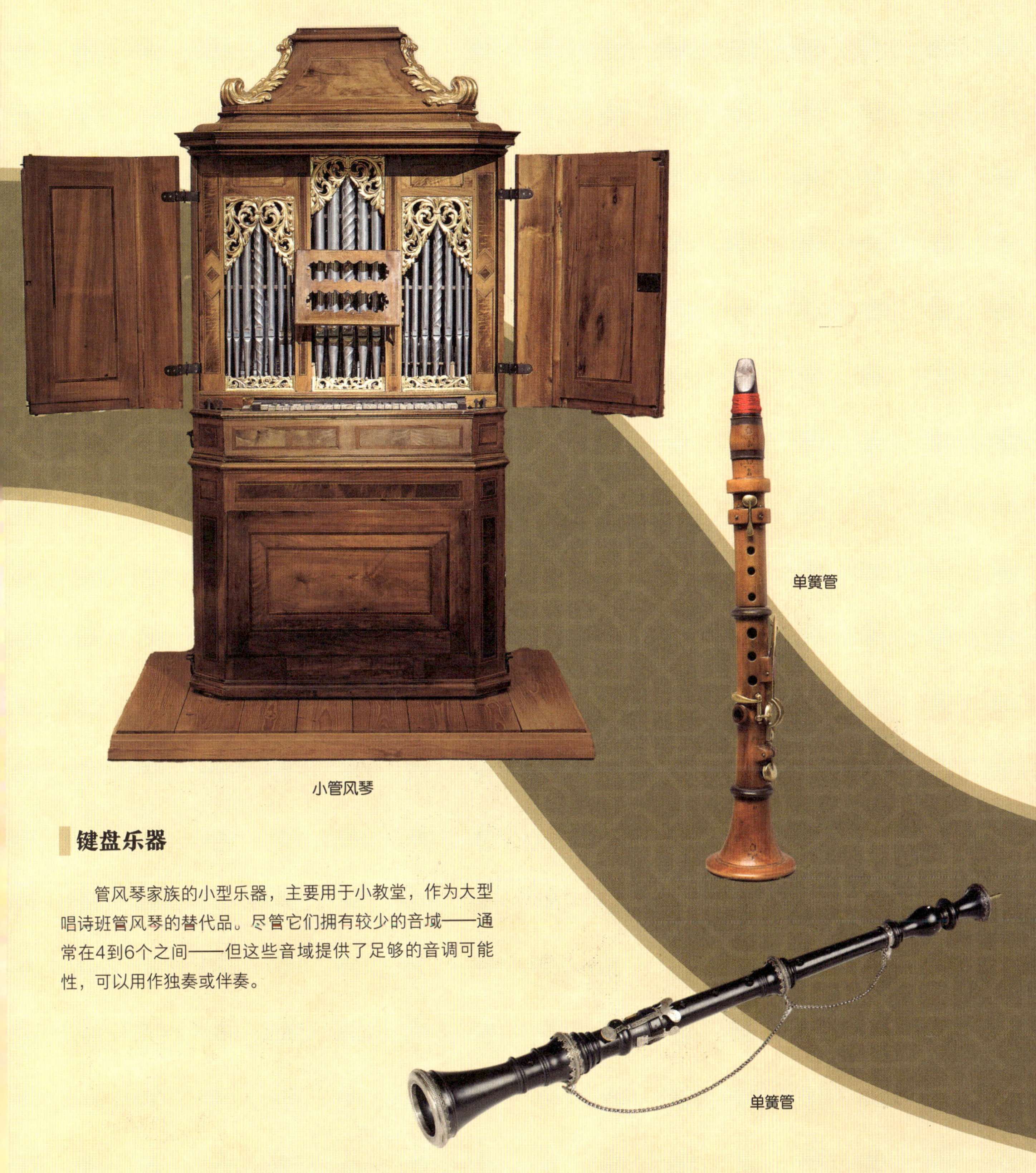

小管风琴

单簧管

单簧管

键盘乐器

管风琴家族的小型乐器，主要用于小教堂，作为大型唱诗班管风琴的替代品。尽管它们拥有较少的音域——通常在4到6个之间——但这些音域提供了足够的音调可能性，可以用作独奏或伴奏。

吹奏乐器

单簧管是19世纪流行于奥地利和巴伐利亚军乐团中的一种乐器。在维也纳，F调或G调的高音单簧管被称为“令人恶心的甜木头”，因为它们的声音高亢而穿透人心。

拿破仑一世的“米兰加冕马车”

皇帝的豪华马车

镀金木的展翅雄鹰

这是拿破仑亲自选定的纹章，象征着力量和独立。雄鹰展翅飞翔的图案给人一种威武和自信的感觉，体现了拿破仑的个性与野心。

创作年代： 1790 年

类型： 皇家马车

尺寸： 长约 5 米；宽约 2.5 米；高约 3 米

来源地： 法国

这辆最初完全镀金的马车于1790年左右在巴黎制造，拿破仑于1805年在米兰加冕为意大利国王时使用了这辆马车。根据不同的场合，它由六匹或八匹马拉着。

法国国徽和拿破仑徽章

马车的车轮和车体上刻有拿破仑的徽章和法国的国徽。这些元素的运用使得整个马车更加具有代表性和权威性。

华丽的装饰和图案

整辆马车以精美的雕刻、金色的叶片和繁复的纹饰装饰。它们使得整个马车看起来更加富丽堂皇，彰显了拿破仑的权力和荣耀。

玛丽亚·特蕾西亚女王的旋转木马马车

小提示

皇家马车在欧洲的发展可以追溯到古代，它们一直是皇家和贵族的专属交通工具。在欧洲的历史长河中，皇家马车经历了许多变化和改进，但它们始终代表着权力和威严。

奥地利其他博物馆名录（节选）

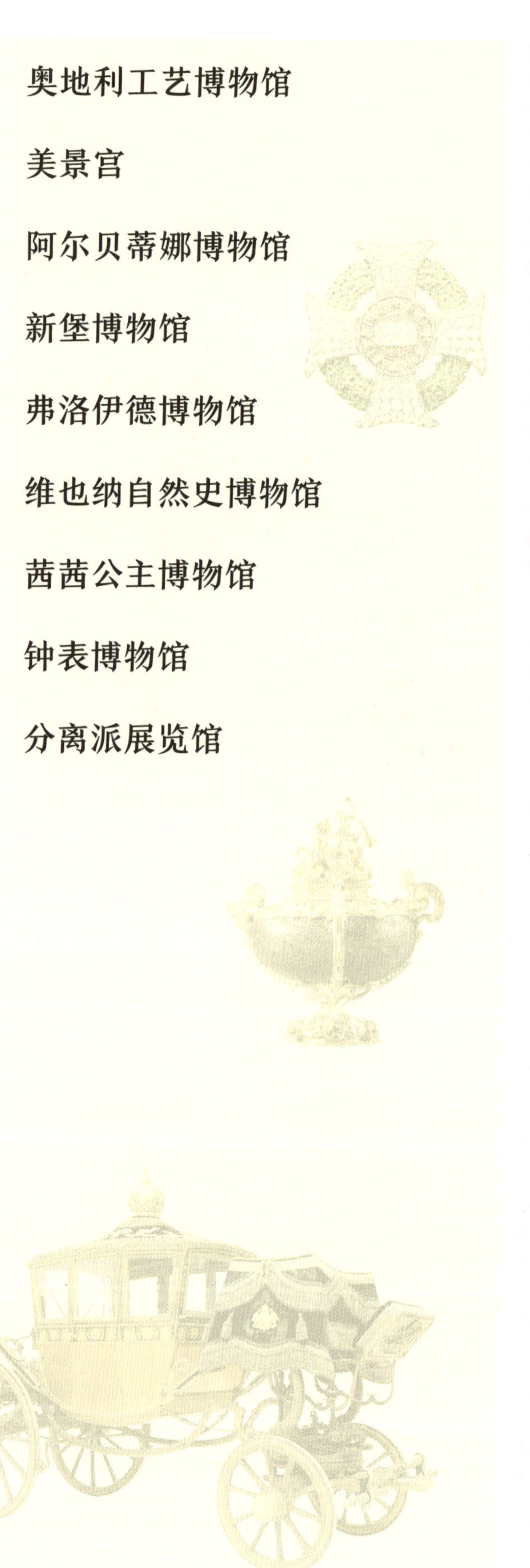

奥地利工艺博物馆

美景宫

阿尔贝蒂娜博物馆

新堡博物馆

弗洛伊德博物馆

维也纳自然史博物馆

茜茜公主博物馆

钟表博物馆

分离派展览馆

布拉蒂纳（友谊杯）

布拉蒂纳（友谊杯）
Bratina (Friendship Cup)

图书在版编目（CIP）数据

世界博物馆全书. 第一辑. 维也纳艺术史博物馆 / 红糖美学著. -- 武汉：华中科技大学出版社，2024. 11.（世界瑰宝系列）. -- ISBN 978-7-5772-1165-7

Ⅰ. G269.1

中国国家版本馆CIP数据核字第202413935Y号

世界博物馆全书. 第一辑 维也纳艺术史博物馆

Shijie Bowuguan Quanshu Di-yi Ji Weiyena Yishushi Bowuguan

红糖美学 著

出版发行：华中科技大学出版社（中国·武汉）
华中科技大学出版社有限责任公司艺术分公司

电话：（027）81321913
（010）67326910-6023

出 版 人：阮海洪

责任编辑：张 颖 刘昊威 杨志新

封面设计：JOJO

责任监印：赵 月 张 丽

制 作：王玉平

印 刷：北京兰星球彩色印刷有限公司

开 本：889mm × 1194mm 1/16

印 张：60

字 数：550千字

版 次：2024年11月第1版第1次印刷

定 价：998.00元（全10册）